AME 人文系列图书 001

笑脸春风暖病榻

主编：田林玮　王浩

中南大学出版社
www.csupress.com.cn

AME
Publishing Company

www.amegroups.com

图书在版编目（CIP）数据

笑脸春风暖病榻/田林玮，王浩主编.—长沙：中南大学出版社，2017.8
ISBN 978-7-5487-2782-8

Ⅰ.①笑… Ⅱ.①田… ②王… Ⅲ.①富兰克林(Benjamin Franklin 1706-1790)–语录 Ⅳ.①K837.127=4

中国版本图书馆CIP数据核字(2017)第115506号

AME 人文系列图书 001

笑脸春风暖病榻
XIAO LIAN CHUN FENG NUAN BING TA

田林玮　王浩　主编

□丛书策划	郑　杰　汪道远　李　媚	
□责任编辑	陈海波	
□责任校对	石曼婷	
□责任印制	易建国　谢础圆	
□版式设计	林子钰　胡晓艳	
□出版发行	中南大学出版社	
	社址：长沙市麓山南路	邮编：410083
	发行科电话：0731-88876770	传真：0731-88710482
□策 划 方	AME Publishing Company 易研出版公司	
	地址：香港沙田石门京瑞广场一期，16 楼 C	
	网址：www.amegroups.com	
□印　　装	天意有福科技股份有限公司	

□开　　本	787×1092　1/44	□印张 3.75	□字数 114 千字	□插页 2
□版　　次	2017 年 8 月第 1 版	□2017 年 8 月第 1 次印刷		
□书　　号	ISBN 978 - 7 - 5487 - 2782 - 8			
□定　　价	39.00 元			

图书出现印装问题，请与经销商调换

主编：

田林玮

毕业于山西医学院预防医学系，现在香港大学从事环境与健康方面的教学和研究。

王浩

毕业于山西医学院预防医学系，曾从事医疗临床和医院管理工作，近年来兴趣转向金融投资领域。

AME人文系列图书序言

有一次与一位朋友聊天，讨论一篇正在准备投稿的论文，"您的这篇论文被杂志接受发表之后，下一步您准备做什么？"面对我的问题，他不假思索地回答："请研究团队一起出去吃顿火锅，庆祝一下！"

"吃完火锅呢？"

"进一步申请课题，做研究，发更多的论文和更牛的论文……"

据说，他们团队在吃火锅的时候，经常碰撞出思维的火花。他在科研方面已经取得不错的成绩，不断挑战新问题，不断超越自我，他很享受这个过程。

论文被接受之后，也许大家选择庆祝的方式有很多种，但是，发更多更"牛"的论文之后，大都会选择类似的一条道路——思考人文。

这也许就是人文的力量，虽然至今我们依然难以去定义人文这个词。

这也是我们AME出版社隆重推出这套人文系列图书的重要原因。

这套图书的作者有来自香港大学的教授，有来自北京某个小学的9岁小朋友，还有其他各行各业的，虽然他们的背景各异，但是，有一点是一致的，他们要么是生物医学领域的学者，要么其家人是生物医学领域的学者。

期待更多的人在吃火锅的时候，能够聊起这套图书，更希望这套图书能够给更多人带来一些科研的灵感和思维的放松。

让我们一起品尝火锅，激情工作，享受生活，拥抱人文，是为序。

汪道远

AME出版社社长

前言

没有微信，没有微信群，就不会有这本小册子。

微信的使用应该是始于2013年，我们大学同学——山西医学院（现在的山西医科大学）预防医学系（也称卫生系）八八级在当年9月有一次比较大型的聚会，"山医卫88"微信群大约也是那个时候建立、发展壮大起来的。和大多数的微信群一样，刚建立的时候很热闹，后来就渐渐冷清了，除了偶尔有人发个搞笑的段子、视频或者逢年过节发发红包以及各种祝福图片、表情之外，剩下的基本就是各种投票以及求医问药了。

2016年4月，为了看看儿子即将就读的宾州大学沃顿商学院，我们一家人来到了美国独立战争的"圣地"——费城。既然到了费城，独立宫和自由钟这些美国的革命遗迹是一定要看一看的。而且在宾州大学的书店里我还看到了一本1776年第一次印刷的 *Quotations of Benjamin Franklin*《富兰克林语录》。本杰明·富兰克林是美国的开国元勋，受美国人尊崇程度甚至超过他们的开国总统华盛顿。我们中国的100元钞票上印的是我们毛主席的头像；美国的100元钞票上印的是富兰克林的头像。我们有毛主席语录，美国人有富兰克林语录。鉴于富兰克林年轻时候已经是一个成功的生意人和富得流油的总经理，我与朋友聊天时就把富兰克林先生戏虐地称为"富总"了。简单翻了一下这本"富总"语录，发现其言简意赅，励志而接地气，于是就把这本小册子买了下来，花了10美元。

"富总"语录的小册子我带回国以后就放在案头，本来想每天空闲时看上一两条，但是一旦忙起来就难得翻一翻了。6月的某天，我看到小册子的同时想起了远在香江的田教授。田教授的英语好，当年在我们同学中就是数一数二的，似乎在医学院的五年除了英语就没有学别的，后来又在加州伯克利"浸泡"了若干年，就更令我等望尘莫及了。我想何不把小册子中的语录每天一条发到"山医卫88"微信群里，同时请田教授翻译一下，一来活跃一下群里的气氛，同时也督促自己把这本语录看完，不然过些日子它就成了书柜里的收藏品了。

最早只是想让田教授翻译一下，同时让更多同学参与进来讨论、学习，没有想到田教授除了翻译之外，还引经据典，加入一些评点，在群里大受欢迎。就这样一百多天过去了，一本语录也学完了。

在这个过程中，我们就想如能把群里学习、讨论的文字整理成书的话就更好，一来记录、纪念这有意义的一百多天，二来也想让更多的人来分享"富总"的人生智慧、生活感悟，以及我们学习过程的乐趣。

简而言之，无心插柳柳成荫。这就是本书的缘起。

信息技术的发展在飞速地改变着每个人的生活，假如今后若干年，微信又被什么所取代的话，应该也不是什么值得大惊小怪的事。到那个时候本书肯定又多了一重意义。是为记。

王浩
丙申年冬月于北京

富兰克林生平

本杰明·富兰克林1706年1月17日出生于波士顿。他哥哥詹姆斯办着一份报纸，他从小跟着哥哥做学徒，学习排字。与此同时他读了所有能找到的书并且开始练习写作。由于詹姆斯对他非常苛刻，1723年他17岁时，富兰克林坐船偷跑到了纽约。在纽约他难以找到工作，随后又跑到了费城。

在费城，起先他还是在印刷厂做学徒工。干了一年多之后，他去英格兰购买印刷设备，准备带回来卖，但是由于他的伙伴违约了，他被迫滞留在英格兰。直到1726年他才返回费城，之后他就开始自己做印刷生意。他工作非常勤奋，很快他的买卖就兴旺起来了。与此同时，他还参加了许多社会公益组织。

1730年，富兰克林和他青梅竹马的黛博拉·里德结婚。他勤奋依旧，从1733年开始出版《穷查理年鉴》，并继续投入很大的精力从事社会公益事业，他参与建立的许多公益机构直到现在还在运营。

富兰克林42岁时，他在生意上已经赚了足够多的钱，完全可以退休了，但他转而研究电学，同时，在政治领域也开始活跃起来。1757年，他作为宾夕法尼亚殖民地的代表常驻英格兰，一直待到1775年。他后来不仅作为宾夕法尼亚的代表，还代表佐治亚、新泽西、马萨诸塞等地。

1775年，在英国与英属北美殖民地关系紧张之际，富兰克林离开英国，回到了英属北美殖民地，并开始积极为殖民地的独立而工作。他被推举参加了第二届美洲大陆会议，并协助起草《独立宣言》。1776年，富兰克林参与签署了《独立宣言》，其后担任驻法大使。

独立战争期间，很大程度上是由于富兰克林在法国的超高人气，法国才与美国签订了同盟条约。

在70多岁时，富兰克林从法国回到了美国。他参加了制宪会议并且参与签署了美国宪法。

富兰克林于1790年4月17日离世，享年84岁。

目 录

富兰克林语录解读

1 **A cheerful face is nearly as good for an invalid as healthy weather.**

好天气对病人有益，一张笑脸差不多与好天气一样有益。

用简洁一点的中文可以说成：

笑脸春风暖病榻。

在中国，春风送暖几乎是好天气的代名词了。

笑脸怡人，好态度；春风送暖，好天气。二者对病人都是好东西。谁的笑脸呢？在亲戚朋友的笑脸不成问题时，接下来就要看医护人员的笑脸了。让一个病人感觉死期已到，让他感到绝望——这个差事真不难，只要医生、护士扮一个半死的样子就可以了。因为绝望的传染性太强了。

其实，希望的传染性一样强。我们的白衣天使，可以用你们的笑脸，传播希望，温暖病榻。不管您今天开心与否，请您在病人面前不要吝啬您的笑容。

电脑上谷歌对这句语录的翻译是这样的：

一个快乐的脸几乎是一个无效的，因为健康的天气一样好。

翻译得不知所云，莫名其妙。原来"invalid"可以指病人，也可以指无效，此处是指病人。电脑暂时还不够智能，人脑窃喜：我还是有用的。解读这些像电文一样浓缩的格言警句是需要下功夫的。要了解这些格言的出处、上下文以及时代背景，才可能准确理解从而体会对我们现代人的意义。

2016–06–17

2 Genius without education is like silver in the mine.

玉不琢，不成器；
矿不选，银何觅？
有天资，不培养；
弃银料，于矿山。

网络上的翻译是：

未受教育的天才就像银矿中的银子。

翻译得惨不忍睹，语录还是要我们自己琢磨。
有天资，不培养，也会荒废掉，也成就不了天才。

2016-06-18

3 When you're finished changing, you're finished.

不再求变时，寿终正寝日。

换一个时髦一点的词，求变就是创新。习近平总书记也强调求变创新的重要性，他在2016年5月30日全国科技创新大会上这样说：

"纵观人类发展历史，创新始终是一个国家、一个民族发展的重要力量，也始终是推动人类社会进步的重要力量。不创新不行，创新慢了也不行。如果我们不识变、不应变、不求变，就可能陷入战略被动，错失发展机遇，甚至错过整整一个时代。"[1]

穷则变，变则通。

2016-06-19

---

[1]　http://news.xinhuanet.com/politics/2016-05/31/c_1118965169.htm

4 The doors of wisdom are never shut.

活到老，学到老。

字面意思是：

智慧之门是永远不会关闭的。

任何时候我们都可以学习，都可以获得更多的智慧。

有的时候，社会上可能出现一些反智的思想。例如，有人说，无知的人是快乐的，智慧反而给人带来烦恼、带来困惑。但是美国开国元勋富兰克林认为，那不是因为我们智慧太多了，而是因为智慧还是太少了。我们需要不断地修正自己对知识的理解，敢于挑战我们固有的观念。

富总在这里强调终生学习的原则。他的一生都在实践这一原则。1787年9月17日，81岁的富总参加美国联邦大会，讨论宪法的签署。他病弱，不能发言，所以写了稿子让人在大会上读。稿子的开头是这样的：

I confess that there are several parts of this constitution which I do not at present approve, but I am not sure I shall never approve them: For having lived long, I have experienced many instances of being obliged by better information or fuller consideration, to change opinions even on important subjects, which I once thought right, but found to be otherwise. It is therefore that the older I grow, the more apt I am to doubt my own judgment, and to pay more respect to the judgement of others.[1]

坦白地讲，这部宪法中有若干点是我目前所不能同意

---

[1]　http://franklinpapers.org/franklin//

的，但我不敢说我将永远不赞成它。因为我活了这把年纪，我有过许多知错改错的经历，甚至在许多重要的事情上，我原先认为我的观点是正确的，但是后来发现是错误的，在有了更好的信息和更充分的考虑之后，我修正了我的观点。因此，我的年纪愈大，我就愈倾向于怀疑自己的判断，同时更尊重别人的判断。

之后的段落，他又说，这部宪法肯定是不完美的，但它是在目前形势和认知能力的情况下最好的宪法。在他的呼吁下，宪法在联邦大会正式通过。

不断学习，终生学习。

2016-06-20

5 An undutiful daughter will prove an unmanageable wife.

今日不羁女，明日难缠妇。

18世纪的美洲，女性地位高不到哪里去。男人要勤奋、俭朴而且有公共服务的精神；女人呢，做好家务就是最大的本分。富总对自己的老婆Deborah还是感激的，赞赏她把家务维持得不错，富总不在家时她也打理店铺，她也没有乱花钱。

对一些败家的女人，富总是痛恨的。在他出版的第一本《穷查理年鉴》里，他就详述这类人的特征：

She that will eat her breakfast in Her Bed
And spend the Morn in dressing of her Head
And sit at Dinner like a maiden Bride
And talk of nothing all Day but of Pride
她在床上享用她的早餐
用整个上午在头上打扮
晚饭桌前像个少女新娘
整天谈论无非自大傲慢

富总是说，这样的女人自我陶醉，只会给她的丈夫带来痛苦。

What a case is he that shall have her.
有什么理由让男人娶她回家。

富总这句语录"今日不羁女，明日难缠妇"应该是在提醒那时的大男人们择妻要谨慎吧！

2016-06-21

6 Early to bed and early to rise, makes a man healthy, wealthy and wise.

早睡早起身体好，而且富足还聪明。

富总也就那么说一说，他并没有很强的科学证据，没想保证这句话几百年后都正确。富总那个时代的夜猫子们都是一帮什么人？无非是一些到了天黑才出动的赌博与嫖娼者。早睡早起的人就相对是良民了，因此相对健康、富足和聪明，也就不足为怪了。

但是，有人喜欢抬杠。这不，一帮英国人跳出来，拿现代的科研调查的证据[1]来检验富总这条语录。文章发表在1998年12月19日的一期《英国医学杂志》上，文章题目是：

Larks and owls and health, wealth, and wisdom
百灵鸟(起早的人)和猫头鹰(夜猫子)与健康、财富和智慧

结论是，富总的说法是错误的。他们对英国一帮老年人的调查显示：这两类人在健康和智慧上没有什么差别，夜猫子倒是比百灵鸟更富裕一些。几百年都过去了，是不是英国人还是对美国的独立革命耿耿于怀，跟富总过不去呢？

澳洲人有一篇文章[2]也来挑战富总这条语录，说是夜猫子比百灵鸟更聪明一些。

彼一时，此一时也。富总那时点蜡烛，我们现在有电灯电话。生搬硬套，谬之远矣。估计富总正在另外一个世界为这帮书生们的研究而偷笑呢。

2016-06-22

[1]　http://www.bmj.com/content/317/7174/1675?variant=full-text

[2]　http://www.sciencedirect.com/science/article/pii/S0191886999000549

7 Beer is living proof that God loves us and wants us to be happy.

啤酒只应天上有，却成人间平常物。
原来上天眷顾人，特备此物为祝福。

　　没有确实证据显示富总说过这句话，可能是后人加在他头上的。不过富总晚年还是喜欢喝点酒的。他早年是拘谨的，过着隐士一般的生活，日渐富裕之后，他的生活色彩丰富了一些，喜欢上了马德拉岛产的白葡萄酒。再说了，巴黎人能让他们尊敬的富总过俭朴的生活吗？他72岁到79岁期间（1778—1785），在法国做大使。香槟美酒、觥筹交错中富总的痛风症状应该是加重了。因为在朋友喜欢喝酒的时候，他都是坚决奉陪的。漂亮女士为他满杯时，他也会忘掉对痛风的恐惧，而且风趣的话也滔滔不绝了。

2016-06-23

8 Having been poor is no shame, but being ashamed of it is.

前面一直穷，那丢什么脸？
为穷找借口，那才真丢脸。

或者说：

前面穷，不丢脸。为了前面的穷而羞愧，那才真丢脸。

富兰克林出身寒门，但是他没有埋怨，没有找借口，而是拥抱现实，继续努力。美国第二任总统托马斯·杰斐逊这样评价富总：

富兰克林生下来时比我们中最穷的人还要穷，但他具有不以自己穷困为耻的勇气，并凭借这种勇气成为了他生活的时代和国家中最伟大和最出色的人。

网络上有些解读：

"贫穷不是耻辱，对贫穷感到耻辱才是。"

这解读错得有点离谱，道理都讲反了。大家仔细看那个"it"指的是什么，指的是"having been poor"，不是"being poor"，不是"poorness"。而"having been poor"是指前面的、前期的穷，可以是出身寒门穷二代，可以是生意失败一时潦倒。为方便讨论，咱把它固定在"出身寒门"这个例子。下面来讨论就容易了：

出身寒门并不羞，对出身寒门感到羞(从而不面对现实，不积极进取，不掌控自己命运)，那才是羞。

　　而对出身寒门感到羞的表现经常是：对于出身耿耿于怀，对自己的穷底子埋怨，找客观原因，不挖掘主观努力因素。

　　富兰克林是用自己出身寒门，拥抱现实，掌舵自己命运的例子来说一个人一生的波折起伏。他确实没有做人与人之间的贫富的横向比较，他说的是一个人本身经历的时间变化的纵向比较，对自己的过去、现在和将来的认识和态度。

　　群里的@亦真亦幻说得比较干脆：

不羞一时贫，但耻一世穷。

2016-06-24

9 **If you would not be forgotten as soon as you are dead and rotten, either write things worth reading or do things worth writing.**

若不想刚一死就被人忘记，要么就写点值得人家读的东西，要么做点值得人家落笔纪念的事情。

富总在说自己的生死观，自己的人生观。他希望自己死而不亡。不亡的只有精神、理论和事迹，要么自己写给后人，要么别人记录你的事迹。其实，中国的道、佛、儒三家大致也都是这样讲的。

老子的《道德经》里说过：

死而不亡者寿。

Those who die but maintain their power live eternally.

道家说，某些人崇高的精神和勋业，死而不亡，寿与天齐。

佛家说，个人的解脱自在，还是**自觉**的小乘功夫；要**觉行圆满**，必须**自觉、觉他**：不仅自己觉悟所修的佛法，也能使其他众生觉悟。

儒家说，修身的最终目的，在于治国平天下，要力争做到立德、立功、立言三不朽。

物尽其用，不枉此生。

2016-06-25

10 There never was a good war or a bad peace.

从来没有一个好的战争或者坏的和平。

这句话出现在1783年7月27日富兰克林写给英国皇家学会主席(Sir Joseph Banks)的信中[1]。后者是学界大佬，当然可以影响英国政界。这时英美两国还正在打着仗呢。这是通过私交，旁敲侧击，乱人军心啊。

言外之意其实是：你们英国人去打美国人花的那些白花花的银子，如果花在国内农业、工业和科学上，那会对发展有多大帮助呀！

但是这位(爱国的或称自私的)美国外交官没有把同样这句话讲给法国：你们法国人借给、捐给美国人的那些白花花的银子去打英国人，如果花在法国国内，那会对发展有多大帮助呀！

这之前，美国人刚刚把法国人打败、打跑了，而现在法国人不遗余力地支持美国人打英国人，这种转变，有富兰克林的个人魅力和攻心策略的大功劳。

战争有无正义与非正义之分，好的与坏的之分别？我们的孙武几千年前就开始论述。富兰克林在1783年应该是私心为上，顾不得心平气和地讨论这些大问题。

2016-06-26

---

[1] http://dailyreckoning.com/benjamin-franklin-diplomat-there-never-was-a-good-war-or-a-bad-peace-ben-franklin/

11 Reading makes a full man, meditation a profound man, discourse a clear man.

阅读让人吃饱了知识，才得以思考、消化和深刻理解，与人交流所思所想则像是开胃药帮助消化和更清晰地理解。

这样解读，我添油加醋可能嫌多了一些。我是将阅读、思考和讨论这三者串联起来了，而@老张将这三者并列，这样翻译：

阅读培养学问丰富的人，思考培养见识深刻的人，演讲培养思路清晰的人。

相关的句子有孔子的"学而不思则罔"，和培根的"Reading makes a full man ... and writing an exact man"（阅读使人充实……写作使人严谨）。还有"Reading is feeding. Thinking is linking."（阅读是在喂东西吃。思考是在建立联系）。还有平常所说的教学相长。在教的过程中促进学，在写的过程中提高读。自己会了，不见得有能力教会别人；在教人的过程中，往往发现自己以前没有真正会，所以又学习一遍，更加清晰。所以我们在学校时，见那些学习好的很轻松，越学越好。因为有了"好把式"的名声后，同学经常会问你问题向你求助，多了一个"discourse a clear man"的开胃机会，消化更好，你学习不进步都不行。所以，我经常鼓励小朋友至少先学好一门功课，先建立一个良性循环。

2016–06–27

12 Necessity never made a good bargain.

有两种解读：

1. 急需难买便宜货。

有备无患，未雨绸缪。冬天买夏天的衣服。经济学中有机会成本的概念。谈恋爱，找男、女朋友也要讲究一点心理学？

2. 穷人难有划算的买卖。

平等、阶级、经济学。还有什么？

富总自己创作一些格言，更多的是改编他人的格言。据说他读到"Necessity is a mighty weapon"之后，改编成更富动感的"Necessity never made a good bargain"。

2016-06-28

13 **A good example is the best sermon.**

好的榜样是最好的说教。

其实，相当于中国谚语：

言传不如身教。

我自己抓一本书来看，旁若无人；小孩子也找书，自己看去了。我陪小孩做功课时，尽量不干涉他们。我说我也有我的功课，我们各做各的。当然家庭内有不同的教育观点，说我不负责任。但是我觉得小孩子是天生好奇、爱学习的，他们不需要听父母的话，为父母而学习。小孩子模仿能力强，有样学样。父母爱学习，他们当然就爱学习了。

教育小孩子如此，教育自己也如此。用不着天天板着面孔教训自己。每个人过去总有几件事情做得漂亮的，几段时期过得充实开心的。那就把那些引以为豪的光辉片段在脑海里多放几遍，用精神胜利法，不时地美一美吧。榜样的力量是无穷的，不知不觉中，应该会让我们变得越来越积极、正面？

邓小平同志当年办经济特区是不是也有类似的想法：好的榜样是最好的说教？

2016-06-29

14 Without continual growth and progress, such words as improvement, achievement, and success have no meaning.

有两种不同的解读：

1. 没有长足的成长和进步，诸如改善、成就以及成功这些字眼便毫无意义。

不从点滴做起以及长久地成长与进步，就不要空谈什么"成功"。千里之行，始于足下。不积跬步，无以至千里；不积小流，无以成江海。心动不如行动。[1]有些人是这样解读的。

2. 没有持续的成长和进步，诸如改善、成就以及成功这些字眼便毫无意义。

现代社会，瞬息万变，竞争激烈。无论个人与团体，都不应该满足于现状(目前静态的所谓成功)，应该追求不断的变化、适应与成长。逆水行舟，不进则退。[2, 3]也有许多人是这样解读和励志的。这与之前的语录 "When you're finished changing, you're finished. 不再求变时，寿终正寝日。" 是一个意思。富总也曾这样损人："某些人在25岁的时候就可谓死了，只是直到75岁才离世入土。"

可惜富总也不能站出来说个公道，他到底指的是哪一个

[1] http://ritaroninki.com/change-vs-progress/

[2] http://www.joyen.net/article/reading/allthelife/201106/4345.html

[3] http://www.slideshare.net/FrostandSullivan/analyst-briefing-culture-slideshare-9-513-25935673

意思。况且，有一帮语言学者怀疑这句话不是富总说的[1]，说是不像18世纪的字眼。因为在最全的富总文库里[2]找不到，而政府部门更大的数据库里也没有找到18世纪这句话的痕迹。

成长，进步，持之以恒。没有最好，只有更好。

2016-06-30

---

[1] http://listserv.linguistlist.org/pipermail/ads-l/2013-October/129052.html

[2] http://franklinpapers.org/franklin/framedVolumes.jsp

15 Beware of little expenses. A small leak will sink a great ship.

小开支也要多计算，小小洞可以沉大船。

俭朴是富总推崇的美德之一。富总在1758年的《致富之路》中这样叙述俭朴：

What maintains one vice, would bring up two children. You may think perhaps that a little tea, or a little punch now and then, diet a little more costly, clothes a little finer, and a little entertainment now and then, can be no great Matter; but many a little makes a mickle, and farther, **beware of little expenses; a small leak will sink a great ship,** and again, who dainties love, shall beggars prove, and moreover, fools make Feasts, and wise men eat them.

一项恶习往往会滋养出两个小恶习。你或许会认为，时不时地喝一点茶或者喝一点潘趣酒，时不时地吃一顿奢侈一点的大餐、买一件昂贵一点的衣服、举行一些娱乐活动，并不是什么大事。但是，积少成多，集腋成裘。并且，**小开支也要多计算；小小洞可以沉大船。**此外，那些一味热衷于美味佳肴的人，最终将沦为街头的乞丐；并且，傻子准备盛宴，聪明人赴宴吃饭。

富总年轻时候经常到别人家蹭饭吃？这样致富的招数，富总您也分享给我们？

2016-07-01

16 There are three faithful friends: an old wife, an old dog, and ready money.

忠实朋友有三个：老妻、忠佣与现金。

虽然后来富总是废奴主义者，但是早期也蓄奴。他当然重视这三样东西：老妻、忠佣与现金。因为这些东西是他的资本，而拥有资本让人自由。钱是资本，人力当然也是资本。富总把老婆也当成是他的人力资本，因为钱可以生钱，老婆可以生子添丁扩大劳动力队伍，老婆还帮他打理店铺[1]。

我将语录中的"old dog"翻译为"忠佣"。我有没有过度解读呢？作者本意是否只是停留在字面意思"忠犬"？

我又在谷歌图书网上阅读了"Runaway America: Benjamin Franklin, Slavery, and the American Revolution"(by David Waldstreicher 2008)中有关章节，让我感觉理解"old dog"为"忠佣"可能真的有道理。将近三百年都过去了，不用忌讳什么，拉出来晾一晾，讨论讨论。

写这句话"an old wife, an old dog, and ready money"的时候，富总应该不到30岁，正开始努力经营他的小报。他的小报主要迎合对象是那些'自由人'和'奴隶主'，或者有志成为'奴隶主'的人——阶层可能高过他自己或者与他差不多的人。

"For all his protestations of poverty, all his complaints

---

[1] 在Cathy D. Matson所编著的The Economy of Early America: Historical Perspectives and New Directions一书中有一章是"Capitalism, slavery, and Franklin's revolution(资本主义、奴役和富兰克林的革命)"，其中富总的这句语录是讨论的重点。

and acceptance of subjection, Poor Richard gave advice intended for masters and those who aspired to be masters… Franklin sought ways of talking about labor that emphasized freedom, self-sufficiency, and owners' work—not the immiseration of workers."

"在对贫穷的抗争方面，在对从属关系的控诉和认可方面，穷查理给的建议一直都是服务于奴隶主和那些有志成为奴隶主的人。……富兰克林采用各种方法讨论了劳动力的问题，其中强调了自由、自给自足以及奴隶主的工作——并没有讨论劳动者的辛酸。"

就像现在经营房地产一样，300年前时髦的话题是如何经营"人资产"。富总的小报登过几百条广告——追寻逃跑的奴隶(包括富总自家的)，买卖奴隶的。女人也是"人资产"的一部分，是男人的财产(property)。

"Women came with a cost, but they were the essence of the household and of men's property. In a sense, they were the best example of the people-as-capital principle. In the case of women, Franklin began to reverse the equation of the laboring or spending person with money, to describe cash money (as the land-bank advocates had) in warmly personal terms: **'There are three faithful friends, an old wife, an old dog, and ready money.'**"

"妇女不是免费的，但她们负责家务而且是男人的财产。某种意义上，她们是人力资本原则的最佳体现。在妇女这件事上，富兰克林开始把花钱买劳动力的公式颠倒过来，(就像土地储蓄的推崇者那样)以他自己亲切的方式描述现金：**忠实朋友有三个：老妻、忠佣与现金。**"

土地可以当现金使用，劳动力当然也可以当现金使用。

富总确实是把佣人、奴隶和老婆笼统地归为一类能生钱的"人资产"。

"Around this time—before 1735—the Franklins had apprentices, servants, and at least one 'Negro boy.' ... In the Almanack, he did not so much forget or deny the importance of servants, slaves, and wives as conflate them all together in the fungible mix of money-producing people."

"大约这段时间——1735年前——富兰克林一家拥有学徒、佣人和至少一名'黑奴男孩'。……在《穷查理年鉴》中，他没有忘记或者否认佣人、奴隶和老婆们的重要性，他是把这些人笼统地归为一类能生钱的、互相可替代的人资产混合体。"

所以呢，"an old dog"指的应该是忠佣。富总应该是一门心思在讨论"人资产"的经营之道，没有心情与我们聊老狗之忠诚？他只在乎现金之忠诚。

2016-07-02

17 Plough deep while sluggards sleep.

懒汉睡觉时，你去深耕地。

　　这是富总教导我们他心目中13美德之一的"勤"。唉，这富总也真能说教。1790年富总去世时，马克·吐温(1835—1910)写了纪念文章。他认为富总的格言句句都违背小朋友的天性，句句与小朋友为敌。每家父母都拿富总的格言来教导小朋友。不说别的，只是"早睡早起身体好"这一句话就已经毁了马克·吐温的童年：

"The sorrow that that maxim has cost me through my parents'experimenting on me with it, tongue cannot tell."

　　"我的父母拿那条格言在我身上做实验，带给我的痛苦呀，语言难以形容。"

　　唉，不说也罢，点点滴滴都是泪呀。

2016-07-03

18 **There are two ways of being happy: We must either diminish our wants or augment our means—either may do—the result is the same and it is for each man to decide for himself and to do that which happens to be easier.**

幸福路，有两条：
少需求，多钞票。
任一条，都可以；
结果同，无差异。
自己路，自己挑，
哪条易，挑哪条。

这句话长，但其实原文后面还紧接着富总一些更多的补充：

"If you are idle or sick or poor, however hard it may be for you to diminish your wants, it will be harder to augment your means. If you are active and prosperous or young or in good health, it may be easier for you to augment your means than to diminish your wants. But if you are wise, you will do both at the same time, young or old, rich or poor, sick or well. And if you are very wise, you will do both in such a way as to augment the general happiness of society."

"如果你失业、生病或者贫穷，减少的开支已经很困难，增加收入则更加困难。如果你在工作、富裕、年轻也健康，那么增加收入可能比减少开支来得容易些。但是，如果你是聪明人的话，应该两条路同时走(开源+节流)——无论年轻或年老，富裕或贫穷，体弱或体强。而且，如果你是非常聪明的人，你应该两条路同时走从而致力于增加社会的整体幸福。"

这句话有关富总宣扬13美德之一的"俭"；与"勤"结合，可以致富。量入为出。开源节流。

2016-07-04

19 We are all born ignorant, but one must work hard to remain stupid.

人人生而无知，但必须努力学习才可以保持愚蠢。

类似的版本有：

"Man is only born ignorant. It takes four years of college to make him stupid." ——Mark Twain

"人天生就是无知的。需要上四年的大学才能变愚蠢。"——马克·吐温

还有：

"Men are born ignorant, not stupid. They are made stupid by education." (Bertrand Russell, 1872-1970)

"人是天生无知的，但不愚蠢。是教育把他们变蠢的。"——伯特兰·罗素

事物的表面现象以及一些伪科学，成年累月地轰炸我们的认知，让我们摆脱无知，但是让我们变得愚昧——透过现象看本质是需要非常大的努力和成功的教育的。一知半解，不得要领，当然可能会越学越蠢。

道理是对的，但有人考证说不像是富总的口吻，而且"ignorant"与"stupid"字义的区别在18世纪时并不明显。[1]

2016-07-05

---

[1] http://english.stackexchange.com/questions/181766/quotation-ascribed-to-benjamin-franklin-we-are-all-born-ignorant-but-one-must

20 You will find the key to success under the alarm clock.

你会在闹钟底下找到成功的钥匙。

富总在给我们灌输一个"早"、"守时"以及"有条理"的理念，像是鲁迅在三味书屋里的那张小桌上刻的那个"早"字，以及我们现代人所说的时间管理(time management)。富总的13美德之一是"条理"(order)——包括对时间的管理和物品空间的管理。

富总的自传里面有一个他给自己列的24小时的时间表。还有另外一个"美德"总表，记录每个星期自己有哪些不足，需要改进；"美德"表的行是从星期天到星期六，列是13美德。犯一次错误，就用红笔打一个记号。每一个星期，会对不同的美德有所侧重和监督。

富总自己追求的13美德：

1. Temperance (节制)（吃、喝酒不过量）
2. Silence (缄默)
3. Order (条理)
4. Resolution (决心)
5. Frugality (节俭)
6. Industry (勤奋)
7. Sincerity (诚恳)
8. Justice (公道)
9. Moderation (中庸)
10. Cleanliness (整洁)
11. Tranquility (冷静)

12. Chastity（贞操）

13. Humility（谦卑）

富总检讨，他对"条理"这条美德执行得最不好。有主观原因，有客观原因，有的时候有多人的活动时，时间控制不全在自己。

也有人会问：富总的时代有没有闹钟这东西呀？我没有去考证。我是觉得这清教徒似的富总是越来越可爱了。

2016-07-06

21 Content makes poor men rich; discontent makes rich men poor.

苟能知足，贫者亦富矣；
苟不知足，富者亦贫矣。

(采纳的是古德明在网络上的翻译。翻译得漂亮[1])

富总追求的13美德中，被后人传颂最多的是勤与俭。看起来好像勤与俭是富总人生的指导原则，又好像钱财是他的人生目标。是的，富总当然注重勤与俭，而且这两样也给他带来了财富，足够多的财富让他能够在42岁的年纪就退休，把他的生意交给了他的搭档David Hall。富总还年轻呀——如果钱财是他的人生目标，他完全有可能成为全美国最富有的人。

但是，富总从来没有把勤与俭当作致富的手段，他是通过勤俭达到知足。富总也曾说过可爱的大白话：

"If your riches are yours, why don't you take them with you to the other World."

"如果你的财富是你的，你去另外一个世界时为什么不把它们带上呢？"

显然，这位富总停止做生意之后，另有所谋。他要活得更有价值(living usefully)，所以投身科学、政治等诸多领域。1750年，富总在写给妈妈的信中说：

"I would rather have it said, he lived usefully (to others),

---

[1] http://hk.apple.nextmedia.com/supplement/columnist/art/20030529/3319616

than, He died rich."[1]

"我死后宁愿被人家评论说此人这辈子活得有价值(对别人有用)，而不是让人说这人死的时候很有钱。"

富总脑洞很大，但是我们老子的《道德经》早已经有：

"知足者富。强行者有志。不失其所者久，死而不亡者寿。"

有网上的英文翻译：

"Those who are content are wealthy. Those who persevere have will power. Those who do not lose their center endure. Those who die but maintain their power live eternally."

2016-07-07

---

[1] Edmund S. Morgan. Benjamin Franklin, Yale University Press, 2002

22 For want of a nail the shoe was lost; for want of a shoe the horse was lost; and for want of a horse the rider was lost; being overtaken and slain by the enemy, all for the want of care about a horseshoe nail.

少了一颗马蹄钉，马蹄铁跑丢了；

少了一块马蹄铁，那匹马跑丢了；

少了一匹马，那骑兵又跑丢了；

被人追上被人杀，全赖没有留意那颗马蹄钉呀。

这是1758年富总将流传于欧洲几百年的某皇帝因为一颗马蹄钉而命丧沙场的谚语，稍作改编，登在了他的小报《穷查理年鉴》上。此处的"want"指的是"lack"。富总在这句话的前面有铺垫，"小小疏忽可以酿大祸"（A little neglect may breed great mischief）。

现代人可以用富总这些话讲两件事：

短板理论：木桶最短的那块板决定它能装多少水。We are only as strong as our weakest link.（我们最弱的环节就是我们能力的上限）

蝴蝶效应：看似微小的事件带来整个系统长期的、巨大的连锁反应。非洲一只蝴蝶拍了一下翅膀，结果这武汉的大雨就下个不停了。

让我们每个人都做好本职工作，当一颗称职的社会主义的马蹄钉。让我们找出武汉排水系统的短板，不要再因少了那颗马蹄钉而误大事。

2016-07-08

23 A learned blockhead is a greater blockhead than an ignorant one.

一知半解的傻瓜比无知的傻瓜更傻。

无知傻瓜的看法距离真理不会太远；一知半解的傻瓜错起来会错得很离谱。而且我们对有学问的人、受过教育的人是抱有期望的，我们更在乎他们的看法和建议。但如果他们也是傻瓜，害人更严重。

富总的朋友托马斯·杰弗森(美国的第三任总统)曾经哀叹当时的政治新闻拙劣，因为不看报纸的人其实比每天读报的人想法更正确。

富总在16岁时就用笔名Silence Dogood偷偷地投稿到他哥哥的小报，大受欢迎。其中一篇讽刺早年哈佛学院的毕业生个个都是木头脑袋(blockhead，傻瓜)，估计是对他们的墨守成规、不思进取而且还自命清高而感到不齿。

满腹经纶，但是不求甚解、不会思考、不能解决问题，这种高级傻瓜是够可恨的。不怕你没有学问，就怕你会用百度。

2016-07-09

24 Drink does not drown care, but waters it, and makes it grow faster.

酒没淹死愁，反而灌溉愁，催长更多愁。

中文有借酒消愁或者借酒浇愁，英文也有"Drink drowns care"，意为借酒淹死愁。此处的"care"，不是指关心，而是指烦恼。东方和西方，都有人认为喝酒就可以把压力与伤痛"淹死腹中"。

富总当然不满足于这些陈词滥调。他用诙谐的语言言说：酒不会浇灭忧愁、淹死忧愁，反而像浇花一样让忧愁更加茁壮成长。

酒精那一点镇静剂的作用可能会带来暂时性麻木的感觉，能让我们暂且逃避忧愁，但是酒醒之后问题依然存在，而且宿醉让人头昏脑胀，让人悔恨懊恼，所以平添更多的忧愁。所以才有俗语：

药能医假病，酒不解真愁。

富总酒不解愁的语录相通于李白的"抽刀断水水更流，举杯消愁愁更愁。"二人可以喝一壶了。醉醺醺的李白忽悠富总把家产典当了买酒来喝：

"主人何为言少钱，径须沽取对君酌。五花马，千金裘，呼儿将出换美酒，与尔同销万古愁。"

不料，富总没喝醉，摆出一句清醒话来：

"诗仙，我纵有万古之愁，也不买您这千古之忽悠。"

2016-07-10

25 He was so learned that he could name a horse in nine languages. So ignorant that he bought a cow to ride on.

先生博学，九种语言称呼马。
先生愚昧，买只奶牛当马骑。

先生，您真的很牛吗？您知道茴香豆的茴下面的那个回字的第四种写法吗？

顺便问一下，先生您见过马吗？

在别的地方富总也这样问：

What signifies knowing the names, if you know not the nature of things?

知其然，不知其所以然，有什么用处吗？

富总是在讽刺某些正规教育不注重社会实践，讽刺书呆子不能学以致用。当哈佛之类的学院在着重培养学问高深的基督教牧师时，富总在1749年帮助美国建立历史上的第一所大学——宾州大学[1]，竭力地推动培养年轻的商业、政府运作以及公共服务方面的领导人才，强调学以致用。

2016-07-11

---

[1]　http://www.upenn.edu/about/history

26 The heart of a fool is in his mouth, but the mouth of a wise man is in his heart.

愚者置心于口，智者锁口于心。

言为心声。愚者既然口心一处，自然嘴快；智者锁口于心，能不寡言吗？

缄默是富总推崇的13美德第2条。应该对美国人更有用？我们中国人的"沉默是金"和"智者寡言"的传统美德是不是太过了？中国学生在国外课堂上坚决不开口，能把老师气疯掉。平时不拿废话多练练，正经的谈判场合那嘴巴能张开吗？有时智者寡言，智者吃亏呀。总要因地制宜才是。况且富总也说过 "discourse (makes) a clear man"：口多说，心才亮。

请大家，开尊口，继续辩证。

2016-07-12

27 Life's tragedy is that we get old too soon and wise too late.

人生的悲剧在于老得太快而悟得太迟。

耗了青春，有了经历，长了年龄，悟了人生。

但是，青春已逝，垂垂老矣，悟有何用？悲剧呀。

悲也不悲。富总这句悲观论调里藏着另外一句励志语：老的速度在天，悟的速度在人，人是有可为的。我们可以尽可能早一点开悟，从而开始规划人生的目标、收获与幸福，开始新的人生；学习、开悟、开启新的人生，再晚也不晚。人生有点什么计划，今天就做，别等明天，时不我待。

好像我们明白这些道理了，对吧？不对，肯定没有真正明白。因为只有与死神跳过舞、在生死边缘挣扎过的人才会真正明白的[1]。2003年10月乔布斯被诊断出胰腺癌，2011年10月离世。他曾经说：

……死亡很有可能是人生最好的发明。(... death is very likely the single best invention of life.)

他还说，是死亡(的威胁)让他真正地重生(... dancing with death caused him to come truly alive)。他是说在那最后8年的时光里他才真正地活着？

@王浩问：悟，应该就是通过思维感知吧？非要见了黄河？撞上南墙？

是的，某些悟性低的人是不撞南墙不开悟的。孔子说

---

[1] http://www.wolverton-mountain.com/articles/we-get-old-too-soon.html

过，生而知之者上也，学而知之者次也，困而学之又次也。
乔布斯是属于悟性一般的那一类吧？

2016-07-13

28 Would you live with ease, do what you should, and not what you please. Success has ruined many a man.

想过得好，该做什么就做什么，不是想做什么就做什么。成功毁了许多人。

到了该做什么就做什么这个火候，你就差不多可以过上想做什么就做什么的日子了。

自我控制，锻炼自控能力。先完成该完成的任务，尽量控制你那想要放纵想要随心所欲的念头。这个自我控制，可以包括许多方面：控制自己的时间、嘴巴、脾气，等等。

后一句话"成功毁了很多人"与前面的语录"Without continual growth and progress, such words as improvement, achievement, and success have no meaning."有相通之处。不能因为有一点小小成绩就随心所欲。紧箍咒任何时候都是需要的。

有一点辩证法的意思：时刻不摘紧箍咒的帽子，才有可能达致随心所欲。

琢磨半天富总语录之后，还是有点震撼——紧箍咒与随心所欲之间关系的拿捏与人生态度。

2016-07-14

29 To succeed, jump as quickly at opportunities as you do at conclusions.

成功法则在于慢下结论快下手。

许多人的本性，看事情下结论很快。这么困难的事情，我怎么可能实现呢？这么古怪的事情，怎么可能对我是个机会呢？还是算了吧。最后发现结论错误，结论下得太快了，所以浪费掉很多机会。

好多时候，机会不是显而易见的，不是包装成金蛋或者像百万钞票那样呈现在我们眼前。不明显的机会，不快下手就错过了。

Jump at conclusions(匆忙下结论)。不好，要减慢一点。
Jump at opportunities(迅速抓机会)。好，要更快一点。

行动也要像你匆忙下结论那样快。
折中一点，慢下悲观的结论，快下乐观的手。

2016-07-15

30 Pride that dines on vanity, sips on contempt.

吃饱了虚荣的骄傲，最后还是得把被人藐视的汤给喝了。

大多数版本是"sups on contempt"，极少数是"sips on contempt"。意思差不多。

外在的骄傲，得了短暂的虚荣，最后还是自取其辱。

单独一句话，真是难理解，而且很容易理解错。要有上下文才可以理解准确。

在富总的《致富之路》一书中，原文是这样的：

When you have bought one fine thing you must buy ten more, that your appearance maybe all of a piece; but Poor Dick says, 'tis easier to suppress the first desire than to satisfy all that follow it. And 'tis as truly folly for the poor to ape the rich, as for the frog to swell, in order to equal the ox. Great estates may venture more, But little boats should keep near shore. 'Tis however a folly soon punished; for **pride that dines on vanity sups on contempt,** as Poor Richard says. And in another place, pride breakfasted with plenty, dined with poverty, and supped with infamy. And after all, of what use is this pride of appearance, for which so much is risked, so much is suffered? It cannot promote health; or ease pain; it makes no increase of merit in the person, it creates envy, it hastens misfortune.

你买了一件好东西，你肯定还要再买十件才有可能把你打扮完备。但是穷查理说了，控制一下最初的奢望，要比满足所有后来的奢望来得容易，而且穷人装大款真是佹蠢，就像蛤蟆鼓起肚皮和牛比个大一样。大船可以远行去多冒些风险，但是小船还是离岸近一点好。不过，这种愚昧很快就会得到惩罚。因为就像穷查理说的那样，**吃饱了虚荣的骄傲，最后还是得把被人藐视的汤给喝了。**而且在另外一个地方他还说过：外在的骄傲，早餐吃的是富足，中餐吃的是贫穷，晚餐吃的是骂名。不管怎么说，冒这么大的风险，受那么大的罪，这种外在的骄傲有什么用处呢？它不能促进健康；不能减少病痛；它没有带给这个人任何更多的好处，却制造嫉妒，催生不幸。

2016-07-16

31 He who waits upon fortune is never sure of dinner.

坐等发大财的人从来连晚餐都没有着落。

或者说：

等着天上掉馅儿饼的人，从来三餐都不继。

贪大，图大，梦好大；不先解决吃饭问题，却忙于做梦发大财。侥幸心理，买彩票，撞大运。越是穷，越是喜欢买彩票。若中彩票，立马就发达，那多省劲儿啊。最后，更穷。

我读博士期间一篇文章也没有发表，穷得叮当响。因为贪图发表大文章，结果连一篇小文章也没有发表。也经常向导师提出大思路、新想法。我的导师也够狠的，有一次她教我如何思考：

那么美妙的假设和那么易行的研究方案，如此好事，为什么这么多年别人没有做，偏偏留给你来捡这个便宜、发这个大财呢？

博士毕业后又迷茫了一段时间，我才开始有文章发表，开始看得起小文章了，开始领悟做研究、发表大文章是一个需要积累的过程，不可能一蹴而就的。需要脚踏实地，需要行动，需要开始写，需要不停写。先在写小文章的过程中锤炼自己，点滴积累，才会有更多机会去完成一篇大文章。

理想很丰满，现实很骨感。大财可以梦，小钱也要挣。脚踏实地，行动。

2016-07-17

32 Be at war with your vices, at peace with your neighbors, and let every new year find you a better man.

与自己的坏毛病为敌，与人为善，每年完善一点点。

不要与人为敌。真要树敌的话，树你的坏毛病为敌吧，好好改你自己的毛病，争取每年都见到一个不一样的你，一个毛病越来越少的你。

严以律己，宽以待人，不断地完善自己。富总好可爱，像清教徒一样严格磨炼自己，却又要求自己宽容他人。

不过呢，"严以律己，宽以待人"这一高尚的道德追求，据说违反了一个最基本的心理学道理：一个人外部的人际关系，是他的内在关系模式的展现。[1] 一个对自己过于苛刻的人，很难做到宽以待人，更可能的情形是他对别人也苛刻。所以呢，对自己也要宽容一些，才可能真正地宽容别人。与己为善，才能真正地与人为善。

无论对己还是对人，有苛刻，有宽容，富总修的应该是中庸之道吧？

2016-07-18

---

[1] http://scitech.people.com.cn/GB/6076276.html

33 Good sense is a thing all need, few have, and none think they want.

好的头脑大家都需要，没几个人有，也没人认为他们缺这东西。

此处的want = lack。

缺乏头脑，就是缺乏判断力，缺乏主动思考，缺乏科学的思考方法。即使有一点思考也极其简陋，容易受当下泛滥的垃圾信息的摆布与影响。

富总够损的。损大家没头脑，而且还没有自知之明，不觉得自己没头脑。

2016-07-19

34 Keep your eyes wide open before marriage, and half-shut afterwards.

婚前睁大两只眼睛：好好挑一挑吧；
婚后睁只眼闭只眼：差不多就行了。

婚前应该多注意对方在各方面的特质，不要被爱情冲昏了头脑，不要因"情人眼里出西施"而疏于挑选；但是一旦决定结婚人选，就应该在婚后睁一只眼闭一只眼，不要再追究旁枝末节，否则将难以拥有和谐幸福的婚姻[1]。

要不要"八卦"一下富总的婚姻？富总十七八岁时向女朋友Deborah Read求婚，被女朋友的父母拒绝。之后他在英国伦敦流浪两年，与女朋友也不怎么联系。回到费城后富总才发现Deborah已经结婚，但是她的丈夫可能是重婚，而且负债逃到外地，据传已经死了。富总忙于事业，24岁时才与Deborah结婚，直到Deborah离世，婚姻保持了45年。富总(在婚前)与佣人有私生子，他与Deborah领养了这个儿子并抚养长大。但是这个儿子的生母不见经传。

富总有一些上不了台面的著作，我们在学校里找不到，但是有人帮我们整理了，例如富总的散文集《骄傲地放屁》[2]。其中录有1745年他39岁时写给一位年轻朋友的一封信"*On Choosing A Mistress*"（如何选择情妇），教他克服性格暴躁的最好办法是找个女人结婚，如果实在不想结婚想找情妇的话还

---

[1] 简大为著.改变人生的一句话：笑泪交织的幸福语录.海天出版社，2015

[2] Japikse, Carl (Ed.), Fart Proudly. Writings of Benjamin Franklin You Never Read in School. Frog Books, 1990

是要找熟龄女性，而且列出找熟龄女性的八大好处[1]。

现代作家Diane Ackerman(黛安·艾克曼)在她的*A Natural History of Love*(《爱之旅》)中这样调侃富总的风流：

> 他是个顾家的男人，在两大洲都有亲密关系，以大家长的姿态照顾他的私生子，和私生子的私生子……某个冬天的晚上，他偶然遇上一名数月前曾与他亲热过的女性，她有点伤心地向他抱怨说："你整个夏天都没有约我，我担心你不再对我有兴趣了。"他回答说："夫人啊，这真是天大的冤枉，我只是在等夜晚变得更长一点。"

> 典型的富式幽默，或称狡辩。
> @各位 这乱七八糟的富总语录还要不要学了？

2016-07-20

---

[1] http://memorymacau.blogspot.hk/2013/02/blog-post_11.html

35 **Those who love deeply never grow old; they may die of old age, but they die young.**

有激情的人永远不会老；他们可能年长而死，但是死得年轻。

这句话不是富总说的，是后人误传加在他头上的。这句话来源于英国编剧(Arthur Wing Pinero，1855—1934)的喜剧 *The Princess and the Butterfly*[1]。剧中讲述一位英国出生、远嫁匈牙利的公主在丈夫死后回到伦敦，爱上一个人称Butterfly的公爵。他们想要结婚，但是又担心已人到中年，引起闲言闲语。有人出来用上面这句语录鼓励他们。

Love deeply——但是"love what?"（爱什么？）现在我们知道原话是指狭义的男女关系的爱，用来鼓励爱情的追求应不在乎年龄。但是字面的意思可以有多种理解，后来人们引用这句话时也没有拘泥于对男女爱情的爱，而是推广至对生活的爱，对成长的爱，对普罗大众苍天百姓的爱。

Die young——死的时候还很健康(取"young"的"healthy"字义，而非年龄字义)，死的时候生活质量还很高，而生活质量在乎精神(spirit)，在乎心，在乎精气神；有爱，有追求。

我们学医的经常讲一句话：

The highest goal in life is to die young, at as old an age

1　http://quoteinvestigator.com/2015/01/16/love-deeply/

as possible.

人生的最高目标是死得年轻(健康)，死得晚。

所以我们计算疾病负担时，不但考虑死亡，也会把因为疾病而失去健康的时间考虑在内。富总鼓励提升生活质量，不断追求，他说过类似的话："某些人在25岁的时候就可谓死了，只是直到75岁才离世入土。"

没有爱，没有追求，与死何异?

2016-07-21

36 Well done is better than well said.

说得好不如做得好。

虽然富总做过印刷工，做过出版商，写过很多东西，但是他对言辞这东西是不信任的。他认为，言辞经常蒙蔽真理。他的《穷查理年鉴》很多时候都在拐弯抹角地贬斥华丽的言辞和花哨的演讲。他说：

There are no ugly loves, nor handsome prisons.

爱没有丑的，监狱也没有漂亮的。

言辞不可能改变现实，现实是什么就是什么。富总在他的自传里一开始就讲到了他儿时的好友John Collins。富总曾经羡慕Collins天生口才好、会巧辩，能说会道，而富总一直描述自己嘴笨。但是长大后他的好朋友Collins变成了一个酒鬼饭桶，与富总反目。富总对油嘴滑舌、光说不练深恶痛绝，一向注重实践多过理论[1]。

后人多用这句话强调行动、实践、效果、结果，在许多领域都适用。

理论一套一套的，有没有实践呢？
法律一条一条的，有没有执行呢？
计划一叠一叠的，有没有行动呢？
承诺一项一项的，有没有遵守呢？
……

2016-07-22

---

[1]　Richard Stengel. You're Too Kind: A Brief History of Flattery. Accu-Pub, 2000

37 Remember not only to say the right thing in the right place, but far more difficult still, to leave unsaid the wrong thing at the tempting moment.

记得要在对的地点说对的话，但更难的是，还要在最想说的时候忍住不说错话。

　　气头上的话痛快，但容易伤人，要克制。中规中矩的建议，对吧？多数人应该是买账的。留口德，不冒犯人，这样才朋友多。富总确实朋友多，所以人生顺风顺水，生前生后都受人尊敬。

　　但是有人不买账。有人说，有屁就放，诚实坦率一点不好吗？虚头巴脑的干什么！典型代表是比富总差不多小30岁的美国第二任总统John Adams和他的儿子(美国第6任总统)、孙子(为爷爷写了传记，没少骂富总的伪善)。美国历史上有两对父子总统，前面是Adams一家，后面是Bush一家。Adams一家两个总统，在历史上评价都不错。John Adams与富总格格不入。富总认为Adams性子太急，不适合搞政治和外交；Adams认为富总就是一个只会阿谀奉承的伪君子，说他"cunning, malicious, deceitful, and selfish."(狡猾、邪恶、骗人、自私)[1]，也说他在法国做使节时只会沉迷酒色，爱慕虚荣，无所作为。说不定正是这些狡猾和沉默的性格才造就了富总这个杰出的外交家，从而帮助美国赢得了独立呢[2]？

---

[1]　Harold Bloom. Bloom's Classic Critical Views：Benjamin Franklin. chelsea House Publications, 2008

[2]　https://theamericanscholar.org/franklin-in-paris/#.V5Mg-bh97D4

他们两人在美国独立后对法国的态度上也相差很大：富总认为应该感谢法国人在美国独立战争中的帮助，而Adams认为美国不欠法国什么。Adams做总统时组建了美国早期的海军来对付法国，人称"美国海军之父"。美国的这两位开国元老，一柔一刚，当年在吵，后世对他们的评论也见仁见智。

另外，《查泰莱夫人的情人》的作者大卫·赫伯特·劳伦斯(David Herbert Lawrenc)在1923年撰文，对富总这个大完人也甚为不屑，对富总的13美德也一一调侃。富总推崇的13美德第2条是缄默：只说对别人或自己有用的话，避免无聊的交谈。(Speak not but what may benefit others or yourself; avoid trifling conversation.)

劳伦斯则说：

Be still when you have nothing to say; when genuine passion moves you, say what you've got to say, and say it hot.

没话可说就闭嘴；真有话憋不住时，该说什么就说什么，趁热说。

有的人趁热说，有的人就是憋住不说。

对一个国家或一个机构来说，不同性格的人才搭配可能是一个巨大的好处。对个体而言呢？做个双面人？

2016-07-23

38 Man's tongue is soft, and bone doth lack; yet a stroke therewith may break a man's back.

人的舌头软溜溜，里面确实没骨头；
却能断人脊梁骨，也就轻轻一滑溜。

"bone doth lack"等于"does lack bone"。这是一个倒装句，谓语"lack"放最后表示强调，"doth"是"does"的古语。强调"确实不含骨头的"。

人言可畏，可以杀人。此处的"言"可以指流言蜚语(gossip)或者恶意的讽刺(vitriol)。从自身做起，管好自己的舌头。不听、不传流言；不言语伤人。

人和动物的区别之一在于我们有舌头能说话，但有时舌头是我们身上最肮脏的东西。能管好自己的舌头，不说错话的人，是个完人，肯定可以管好身体其他部件。

这几天的语录怎么全是舌头的事情？前天是"少说多做"，昨天还是"少说话，不在气头上说痛快话"，今天又是"少说话，不传流言，不出言冒犯人"？

2016-07-24

52

39 Historians relate, not so much what is done, as what they would have believed.

史家述真，不及述其所信。

　　史学家讲究"信史"——可信的历史。这个"信"字，当然还是主观的、相对的。

　　有没有可能客观地记录历史？有没有绝对的历史真相？富总是表示怀疑的。他强调去伪求真，经常把表面现象（appearance）与客观真理（reality）对立起来说事情。

　　尽信书不如无书，尽信史不如无史。要有批判思维。那么，可不可以吹毛求疵，也批判一下富总？咱不要只看您的《穷查理年鉴》、您的自传以及无数史学家对您的美誉，也看看其他史学家的看法。

　　美国共和党候选人川普[1]，被很多人认为是"傻帽儿"一个，但是人家就是人气旺，说不定能打败希拉里呢。我赌他能赢。史学家发现川普在两方面很像我们的富总：一是生意成功；二是极端排外[2]。富总和川普都强调物质财富是美国梦的一部分；这俩人都极端排斥外来移民。美国还是英国殖民地的时候，富总努力地排斥德国人移民到他的宾州老家。相对富总的排外，川普真是小巫见大巫了。富总曾经怒吼：

　　"为什么要把英国人建立的宾州变成一个外国人的殖民

[1] 编者注：川普，全名唐纳德·特朗普，现已任美国45任总统

[2] http://www.npr.org/sections/npr-history-dept/2015/09/24/441972601/who-does-donald-trump-remind-us-of

地？这些外国人马上会涌进来很多，会把我们德国化，而不是我们把他们盎格鲁化；他们顶多是会有我们一样的肤色，但永远不会接受我们的语言和风俗。"

"Why should Pennsylvania, founded by the English, become a Colony of Aliens, who will shortly be so numerous as to Germanize us instead of us Anglifying them, and will never adopt our Language or our Customs, any more than they can acquire our Complexion."

富总"鼓励"德国移民离开宾州到别的殖民地去。

富总对待美国土著印第安人的态度，也被大卫·赫伯特·劳伦斯(David Herbert Lawrenc)拎出来奚落富总的伪善。

2016-07-25

40 In short, the way to wealth, if you desire it, is as plain as the way to market. It depends chiefly on two words, industry and frugality ; that is, waste neither time nor money, but make the best use of both.

简而言之，如果你渴望财富，那么致富之路与你去集市的路一样简单。主要靠两个字：勤与俭，就是说，不要浪费时间或金钱，要对二者善尽其用。

    这是1748年富总以一个"老生意人"的名义写给一个朋友的一封信《给年轻生意人的建议》的结尾段落的几句话。富总22岁就拥有了自己的印刷店，所以有资格给年轻人传道。俭与勤分别是富总推崇的13美德第5和6条。他解释，俭(frugality)就是不浪费钱，真能帮到别人或自己才花钱。勤(industry)就是不浪费时间，要一直保持做有益的事情，少做无谓之事。

    勤，用好每一分钟。俭，用好每一分钱。有勤有俭，才有余钱，钱生钱。

2016–07–26

41 Any fool can criticize, condemn and complain—and most fools do. But it takes character and self-control to be understanding and forgiving.

任何一个傻瓜都懂得批评、指责和抱怨——多数傻瓜的确是这么做的。但只有品格高尚和自制力强的人才懂得体谅和宽恕。

　　这句话不是富总说的，而是美国著名的人际关系学大师戴尔·卡内基(Dale Carnegie, 1888—1955)说的。此话出现在他1936年出版的著作《如何交到朋友和影响他人》(How to Win Friends and Influence People)里。原话的前面提到了富总，所以有人以讹传讹，加在了富总头上[1]。
　　卡内基书中原话是这样的：

Bitter criticism caused the sensitive Thomas Hardy, one of the finest novelists ever to enrich English literature, to give up forever the writing of fiction. Criticism drove Thomas Chatterton, the English poet, to suicide. Benjamin Franklin, tactless in his youth, became so diplomatic, so adroit at handling people, that he was made American Ambassador to France. The secret of his success? "I will speak ill of no man," he said, "... and speak all the good I know of everybody." **Any fool can criticize, condemn and complain—and most fools do. But it takes character and**

---

[1]　http://rationalrant.blogspot.hk/2011/07/fools-and-criticism.html

self-control to be understanding and forgiving.

尖刻的批评逼得在英国文坛贡献卓越、最优秀的小说家之一、敏感的Thomas Hardy，永远地放弃了写小说，也把英国诗人Thomas Chatterton逼得自杀了。富兰克林年轻时为人处世很嫩，但是后来处理人际关系老练而巧妙，以致成为美国驻法国的大使。他成功的秘诀？他说过："我不会讲任何人的坏话……我会讲出我所了解的每个人的一切优点。"**任何一个傻瓜都懂得批评、指责和抱怨——多数傻瓜确实这么做的。但只有品格高尚和自制力强的人才懂得体谅和宽恕。**

富总的原话是1726年他年轻时自我修养的决心之一：

I resolve to speak ill of no man whatever, not even in a matter of truth; but rather by some means excuse the faults I hear charged upon others, and upon proper occasions speak all the good I know of every body.

我下决心，无论如何也不讲别人的坏话，哪怕是事实我也不讲；相反地，我通过某种方式宽恕这些我听来的、加在别人身上的过错，而且在合适的场合我讲出我所了解的每个人的一切优点。

2016-07-27

42 If you can't pay for a thing, don't buy it. If you can't get paid for it, don't sell it. Do this, and you will have calm and drowsy nights, with all of the good business you have now and none of the bad.

买不起，就别买。收不到钱，就别卖。做到这一点，你就可以睡安稳觉，尽是你现在的赚钱生意，没有赔钱的买卖了。

　　做生意的人重视现金、现货、现金正流动(positive case flow)。前面富总就说过，"There are three great friends: an old wife, an old dog and ready money."（好朋友有三个：老妻、忠佣与现金）。富总那时候并没有关心他的措辞的政治正确与否，他关心的是现金，关心的是现金的流动和多人少出。减少自己的开支，同时也不轻易赊账给他人。富总肯定没少遇到赖债不还的人。本来小本儿生意，再天天忙于催债，哪还能有个安稳觉？不行，坚决不赊。

　　富总也只是因为人家赊账而睡不好觉，没有严重到死后不赊的程度。死后不赊的故事见于明朝冯梦龙的《广笑府·贪吞》：

　　一乡人，极吝致富，病剧牵延不绝气，哀告妻子曰："我一生苦心贪吝，断绝六亲，今得富足，死后可剥皮卖与皮匠，割肉卖与屠，刮骨卖与漆店。"必欲妻子听从，然后绝气。既死半日，复苏，嘱妻子曰："当今世情浅薄，切不可赊与他！"

2016-07-28

43 Teach your child to hold his tongue; he'll learn fast enough to speak.

教教你的孩子如何不说话吧；他学说话会足够快的。

小孩子学说话快，不需要大人教。教小孩子不说话才是正事。

这句话的重点是再一次强调保持缄默这一项修养。不过，拿小孩子天生学说话快来衬托，又确实是指向小孩子的教育，而非成人的修养。即使是俏皮话，我也感觉不舒服。

富总，您有点过了。您自己不也是20来岁才开始追求您的"缄默"在内的13美德吗？童言无忌，您跟他们较真儿，真的不对。别说马克·吐温骂你毁儿童年，我这么认真学富总语录的读者都要开骂了。我开始更加怀疑您是不是一个在家庭里面称职的爹，一个团队里面称职的长者。您对一些心直口快的年轻同事(包括John Adams)的大家长式的傲慢态度已经遭人诟病，您对您儿子的冷漠态度也确实让人不齿。

富总的一个小儿子Francis(1732—1736)死于天花。他的大儿子William是从小就认过来的私生子，跟随富总在伦敦生活多年，接受的主要是英国的教育。William长大后与富总政见不一，忠于英国，美国独立战争开打时他贵为新泽西州州长，而富总是革命派，主张美国独立。富总劝说儿子不果，就不认这个儿子了。儿子被革命者关在监狱里三年，富总不曾探望一次。后来他的儿子被英国人以交换俘虏方式救回英国。战后，儿子写信给"Dear and Honored Father"希望与富总恢复这份属于他"生命中的荣耀与幸福"的父子关系（"the pride and happiness of my life"），但富总没有给儿子机会。可能是因为他过于介怀儿子不听他的教导，恨他大逆不孝[1]。

　　做得不好，说得不对。

　　这条语录，败笔一处。

2016-07-29

---

[1]　http://www.berkeley.edu/news/media/releases/96legacy/releases.96/14364.html

44 Glass, china and reputation are easily cracked, and never mended well.

玻璃、陶瓷和名声，从来易碎难修补。

既然是易碎品，还是要好好维护，碎了不好修补。

富总是政治人物，又是道德模范，所以维护自己的名声至关重要。做印刷生意和搞政治活动(包括他在Stamp Act 印花税法中的作用)的过程中曾经遭人抹黑，他选择淡化处理。他说他自己没有必要去应对那些卑劣的诽谤(base calumnies)，因为他的朋友了解他的人品，而且时间也会让其他人明白(and Time will open the Eyes of others)。确实，在富总困难时他的朋友们挺身而出，为他辩护，还他清白。富总对此非常地感激[1]。

是要爱护自己的名誉，但也不可过分小心翼翼。太顾及名誉，会导致偏执，没有平衡思考。未蒙其利，先受其害。《孙子兵法》说，"故将有五危：必死，可杀；必生，可虏；忿速，可侮；廉洁，可辱；爱民，可烦也。"大意是：将领本身被杀、被灭亡，从古至今不出这五种状况：抱着必死的决心，往往被诱杀；有必生的想法，往往被俘掳；假如很容易动怒，就可以藉激怒他来瘫痪他的战斗力；如果他很爱惜美好的名誉，那就可以用"抹黑"的方式辱没他；假如他标榜"爱民"的话，那你就派些难民去骚扰他[2]。

---

[1] Ralph Frasca. Benjamin Franklin's Printing Network: Disseminating Virtue in Early America. University of Missouri, 2006

[2] http://wenku.baidu.com/view/7c6331185727a5e9856a6153.html

所以，名誉这个问题，还真不能怕碎。打仗需要置之死地而后生的气概才有可能保城池不失，死里求生。维护名誉呢？不怕碎，碎里求全。

2016-07-30

45 **Eat to live, and not live to eat.**

为生而食，非为食而生。

吃饭是为了活着，但活着不是为了吃饭。

这些话我们都知道啊，能够养家糊口之后，活着是应该有更高的目的，更深的意义。什么意义？有时想起来，真的好困惑。尤其是某些自视甚高的哲人如苏格拉底之流还笑话我们："Other men live to eat, while I eat to live."（别人为食而生，我则为生而食）。只他一个人活得有意义，别人都是瞎活了。确实，我们养活自己，也有动物本能去养活下一代，我们每天忙于工作谋生，时间就这样流逝，人也就这样老去，发现每天做的都是那些事，不曾去想那个生活意义的问题。白白地被那个老人家取笑。

富总也把这句古老的格言编录在他的《穷查理年鉴》里。那么他怎么看人生的意义呢？我认为他是不信教的，只是他的时代和地域可能不允许他说得那么清楚。史学家将他归为自然神论者(deist)。据说，自然神论者相信上帝的存在，但是我们要通过对宇宙规律的理性思考和探讨，而达到对上帝的了解和信仰。自然神论遵从自然的信仰和哲学，把追随者从盲从、迷信和令人畏惧的"神启"宗教中解放出来。也就是说，富总没有让某一家的神告诉他人生的意义，他选择自己思考。那么，富总认为人生意义是什么呢？前面他有语录说，想要留名后世，就要做些惊天动地的事情，或者写些不朽的著作。我们中国的圣贤也要求我们"立德、立言、立功"。但是，为了青史留名而活着，那有点无聊吧？人已不在世，名有何用呢？富总您现在有没有感到我们对您的尊敬呢？

我们宁愿相信，您人生的意义不在后世的名或者当世的名，而在于您自己畅快淋漓地享受了那些思考和探索世界的过程，体验了那些顿悟的瞬间，攀登了那些科学和社会问题的高度。

网络作者梁焕松这样写道：

人来到这世界，并非自己选择，但是决定生存下去，就是自己的事，人生的意义靠自己赋予……一切动物都有求生本能，动物为求生而生，人才会追问求生之余还有什么意义，此乃人所以为人也[1]

知乎论坛上的唐棣这样说[2]：

生命是一场馈赠。它和所有我们收到的其他礼物一样，本身并没有意义，但如果你能享受它的美好，或者能让它物尽其用，你就赋予了它意义。

这位知乎作者唐棣也引用了一位澳大利亚喜剧家Tim Minchin的演讲词：

我在一开始就说过人生毫无意义，这并不是一个轻率的论断。我认为在138亿年的随机事件造就的一切中寻找意义非常荒唐，好像宇宙对人类是有意义的一样。但是，我并不是虚无主义者，我甚至不是犬儒主义者，实际上，我是个浪漫主义者，而这就是我所理解的浪漫：

你很快就会死的。但人生有些时刻会让你觉得无比漫长，而且，天啊，令人心力交瘁。有些时候你会开心，有时你会悲怆，然后你会变老，死去。我们的存在是如此空

[1] http://chrisleung1954.blogspot.hk/2009/07/blog-post_01.html

[2] https://www.zhihu.com/question/21677411'

虚，对此只有一种有意义的应对方式，那就是填满它。而填满它最好的办法，就是尽可能多地去学习新的东西，为你正在做的事情感到骄傲，有同情心，与别人分享自己的想法，跑步，对一切充满热情。此外还有爱、旅行、酒、性，还有艺术、孩子、奉献、登山……你这毫无意义的一生，是多么令人兴奋啊。

另外一位美国喜剧家Joe Rogan又说过，我们只是一群会说话的猴子：

If you ever start taking things too seriously, just remember that we are talking monkeys on an organic spaceship flying through the universe.

每当你开始把事情看得太严肃的时候，记住我们只是一群搭乘着有机物组成的宇宙飞船浮游于太空的会讲话的猴子。

让苏格拉底去尽情地取笑我们吧。我们忙着享受生活呢，劳驾他老人家去帮我们思考人生的意义吧。

2016-07-31

46 He that lives on hope, will die fasting.

靠希望为生的人，死的时候都没有希望。

那些整日生活在空想和期盼之中的人唯有在一事无成的遗憾中辞别人世。

"lives on"表示以某种手段维持生计。还有拿希望为生的人？有，赌徒一类。我只去过一次赌场，陪好友逛澳门。两个人一起输了1000元钱，就不赌了——穷人。然后就看别人玩了，记得好像有人玩20万元的，让我大开眼界，我的朋友说好像人们在澳门比拉斯维加斯玩得大。在某赌场内我们仅仅待了不到两个小时，就碰到两个年轻人的辛酸事。

一个年轻人跟我们同桌输了1000元钱，悻悻地离开了。过了一会儿，我们在场子里闲逛，在一个提款机前碰上了那个年轻人，见他好像思想斗争良久后鼓起勇气取出大概两千块钱，然后又高兴地去玩了；过了一会儿，我们又看见他在一个取款机前面痛苦地思考和计算……我们准备离开这家赌场的时候，看见宽阔的走廊上走过来一队人，脚步很快，是两个保安架着另外一个年轻人，后面还跟着几个赌场工作人员。我眼拙，听好友说那个年轻人已经被打残了——四肢都耷拉着，应该是耍老千被人逮住了吧。我感觉那赌场保安够狠的，我们都不敢高声说话了。

"die fasting"表示死的时候都没有东西吃，在禁食(fasting)，是个饿死鬼。这里的"fasting"（禁食、绝食）是双关语；这里的"食"表示普通的食物，也表示"希望"——一辈子都吃希望，死的时候还是没有希望，饿死了。

其实"die farting"才是原话。富总在1736年《穷查理年鉴》上的原话是"He that lives on hope, will die farting"。他是在1758年重印的时候把那个"farting"改成了"fasting"。原话里有个"放屁"(farting)的字眼，可能富总年长之后觉得太粗俗了吧。"die farting"这句骂人的话确实难翻译，也有很多人用这句话来吵架和骂人，却没有给出明确的解释。实在不好意思去问别人，我就猜一下吧，大意应该是：放着屁就死了，死的时候还一文不值，死的时候还是个屁。

　　虽然只是一个字母的区别，"farting"或者"fasting"，许多后人还是厚爱"die farting"那个版本。毕竟，原汁原味嘛。

2016–08–01

47 He that would live in peace and at ease must not speak all he knows or all he sees.

想要过得安然自在，知道的、看见的就不要全说。

富总一而再，再而三地强调"缄默"和寡言的重要性。前面的语录讲过"少说多做"，不要光说不练；不要口无遮拦，出口伤人；不要恶意中伤。差不多在所有的情况下，寡言都是有好处的。

"must not speak all"是指"不要全说"，不是指"什么都不说"(must not speak anything)；前者"not all"是半否定，后者"not anything"是全否定。

那么我们说什么，不说什么？拣好听的说。

富总是知道说好话、奉承的好处的。他有另外一条语录：

A flatter never seems absurd: The flatter'd always takes the word.

奉承的人从来不会显得蠢：被奉承者总是很享用这些奉承话的。

他知道每个人都喜欢被表扬。这体现了他的实用主义：他都不屑于去批评奉承者。如果奉承者很勤劳也很成功，那很好啊，为什么要批评人家呢？富总很明白，现实的情况就是奉承很管用。但是，表面上他不让人看见他推崇奉承。

富总赞美真诚，知道说真话有多重要，但是他自己却不够真诚。他知道真诚坏事情，但是他又知道，最好让人感觉他是推崇真诚的。富总可能算不上一个阿谀奉承者，但也不是什么特别真诚的人[1]。

2016-08-02

[1]　Richard Stengel. You're Too Kind：A Brief History of Flattery. Accu-Pub, 2000, 174.

48 At 20 years of age the will reigns; at 30 the wit; at 40 the judgement.

20岁随心所欲；30岁随机应变；40岁随时制宜。

20岁处理事情全凭兴致，30岁开始耍点小聪明，40岁开始有点大智慧。随着年龄的增长，慢慢知道该做什么，不该做什么。

富总年少时确实是很叛逆的、天马行空的、放荡不羁的。他老爸养了10个儿子加7个女儿，富总是最小的。他老爸只是一个卖蜡烛的，没钱送他去哈佛学院上学，就送他去富总的哥哥(James Franklin)的印刷店当学徒。那时的学徒，跟一个小奴隶差不多。不过富总也没有浪费机会学习写作，自己编了个假名字"Silence DoGood"投稿给哥哥的小报，结果文章还很轰动。哥哥发现后很生气——让你好好打点印刷店的事，谁让你去写东西了？总之，哥俩合不来；富总竟然逃跑了——那时候的学徒应该是有合同严格要求的吧？26岁时，富总竟然有了自己的印刷店，还有了私生子，还结了婚，还用"穷查理"的笔名招摇撞骗——说什么我很穷呀，我老婆很凶呀，所以帮衬帮衬我吧，买一份我的年鉴吧。他的年鉴上的日出日落时间、灾难天气预测一类的东西完全是胡说八道毫无根据；但是他就在年鉴中的空白处塞一点格言警句，九成是他改编别人的，一成是他自己写的。没想到年鉴越卖越火，富总发财了。42岁开始不玩这个了，去玩科学，玩政治了，玩到84岁离世。

就这么一个人的人生轨迹，他在他三十几岁的时候写了那么句话塞在他的《穷查理年鉴》上。

2016–08–03

49 Lend money to an enemy, and thou will gain him, to a friend and thou will lose him.

借钱给一个敌人，那你会多了他这个朋友；
借钱给一个朋友，那你会少了他这个朋友。

　　这句话的重心应该在后半句：不能借钱给朋友。富总在其他地方说过：债户是债主的奴隶。如果扯上债户和债主这层关系，会很容易伤害到友谊。

　　像我这样厚脸皮的人跟朋友借钱都成习惯了。我在美国也跟同期留学的好哥们儿借钱，但是跟美国朋友借钱，我想都没敢想。这可能跟文化有关，跟个人的脸皮厚薄有关，也可能跟信贷体系的健全度有关？如果我们国家对小额贷款的服务越来越好，我们就可以少向朋友张口，多跟银行打交道了？

　　我们讲究"一个篱笆三个桩，一个朋友三个帮。"我们也说"亲兄弟明算账。"富总的主张更激进：好朋友，别谈钱。

　　但是，富总，如果朋友不借钱给我的话，有一些坎儿我真迈不过去呀。当时，1998年我出国留学，我要偿还我的国家37 000元人民币的教育费(5年大学+3年硕士+2年博士研究生教育)；我那时也没有信用卡可刷呀。万幸，我们这么多年了还是朋友。

2016-08-04

50 Take time for all things; great haste makes great waste.

凡事慢慢来；欲速则不达。

太着急，太匆忙，忙中出错，最后花的时间和精力更多。慢工出细活，没错。

但是，另一头儿，我们也经常强调行动要快。机不可失，时不再来。当断不断，必受其患。比如，那边核电站反应炉的堆蕊都快要熔了，你还在这里磨叽这方案那方案，迟迟不按那个关停的按钮。你这不是"急惊风撞着慢郎中"了吗？这是慢工出细活的时候吗？

所以慢也不全然就好，当急则急，当慢则慢，符合中道就好。

我家有一个学霸儿子，学东西快。他参加小学的合唱团，好像是唱中低音。回到家后就教我唱歌，教他的弟弟唱歌。有一句话他经常教导我们：

唱高想低，唱低想高。

要唱高音之前一定要记着低音，压住，然后才有高音；反之亦然。每次想想，很有味道。没有低，哪有高？没有静，哪有动？没有慢，哪有快？相辅相成，重要是合乎时宜。《周易》也教导我们：

时止则止，时行则行，动静不失其时，其道光明。

2016-08-05

51 Work as if you were to live a hundred years. Pray as if you were to die tomorrow.

工作别停下来，想着你要活一百年呢。对神的祈祷别落一天，想着明天你就挂了呢。

要努力工作，别想着停下来。我们已经多次听到富总的教导，要我们勤奋工作。现在又来一次，收到了，多谢！对神，要天天祷告，不可懈怠。这个教导是第一次。

基督教组织说富总从来都是虔诚的基督徒[1]。但是，富总认为自己是一个自然神论者，他敬拜的神是一个人格化的宇宙和大自然的理性与秩序。富总同情宗教信仰和基督教，被邀请去教堂时，他也会去；但是他认为，不是每个人都需要通过宗教信仰来规范自己的品德。

他曾经这样写：

有些人不依赖宗教也可以过品德高尚的生活。世界上绝大多数人是弱小无知的男男女女，他们需要宗教来约束他们不做坏事，约束他们做有品德的事情，从而慢慢成为习惯。

他对一个没有宗教的世界感到恐怖。

有宗教信仰，现在的人都这么邪恶；如果没有宗教，他们会变成什么样子呢[2]？

咱再看看富总每天祈祷些什么[3]：

---

[1] http://acheritagegroup.org/blog/?p=596

[2] Fea, John. Religion And Early Politics: Benjamin Franklin and His Religious Beliefs. Pennsylvania Heritage Magazine, 2011

[3] http://www.san.beck.org/11-11-FranklinsEthics.html

O Powerful Goodness! bountiful Father! merciful Guide!

Increase in me that wisdom which discovers my truest interests.

Strengthen my resolutions to perform what that wisdom dictates.

Accept my kind offices to thy other children, as the only return in my power for thy continual favors to me.

哦，万能的上帝啊！仁慈的天父！世间的指路人！

增添我的智慧吧，让我发现我真正的意义。

增强我的意志吧，让我执行智慧的命令。

接受我对您的其他子民的衷心服务吧，作为我对您的长期福佑的力所能及的报答。

2016-08-06

52 Were it offered to my choice, I should have no objection to a repetition of the same life from its beginning, only asking the advantages authors have in a second edition to correct some faults in the first.

如果上帝恩赐我这个选择，我不会拒绝把我这一生一模一样地重新活一遍，从头来过；只是会向上帝奢求一些好处，就像作家那样在第二版的时候可以改正初版的某些错误。

　　这是富总1771年开始写他的自传时的开头一段，有上下文更容易全面理解。自传的口吻最开始是写给儿子的家信。

DEAR SON: I have ever had pleasure in obtaining any little anecdotes of my ancestors. You may remember the inquiries I made among the remains of my relations when you were with me in England, and the journey I undertook for that purpose. Imagining it may be equally agreeable to you to know the circumstances of my life, many of which you are yet unacquainted with, and expecting the enjoyment of a week's uninterrupted leisure in my present country retirement, I sit down to write them for you. To which I have besides some other inducements. Having emerged from the poverty and obscurity in which I was born and bred, to a state of affluence and some degree of reputation in the world, and having gone so far through life with a considerable share of felicity, the conducing means I made use of, which with the blessing of God so well succeeded, my posterity may like to know, as they may find some of them suitable to their own situations, and therefore fit to be imitated.

That felicity, when I reflected on it, has induced me sometimes to say, that **were it offered to my choice, I should have no objection to a repetition of the same life from its beginning, only asking the advantages authors have in a second edition to correct some faults of the first.** So I might, besides correcting the faults, change some sinister accidents and events of it for others more favorable. But though this were denied, I should still accept the offer. Since such a repetition is not to be expected, the next thing most like living one's life over again seems to be a recollection of that life, and to make that recollection as durable as possible by putting it down in writing.

亲爱的儿子(William Franklin)，我一直对收集祖上的各种小故事相当感兴趣，乐此不疲。我曾经为了这个目的而四处旅行，你可能还记得，当我们在英国的时候，我就经常向我们家族中的老人们询问、调查有关这个方面的情况。想象着儿子你也同样对你老爸我的故事感兴趣(许多故事你还不了解)，期待着享受现在这样一个星期的不受打扰的乡村假期，今天我坐下来写给你。写这些东西呢，我还有另外一些动机。我从贫贱的出身到获得今天的富足和世上的一些荣耀，走过了这么长的人生，大部分时间是幸福的。我的后人有可能想知道上帝保佑下的我的成功的处世方式，他们可能发现某些方式也适用于他们的遭遇所以值得效仿。

有时候我回望、审视这种幸福，禁不住想说：**如果上帝给我这个选择，我不会拒绝把我这一生一模一样地重新活一遍，从头来过；只是会向上帝奢求一些好处，就像作家那样在第二版的时候可以改正初版的某些错误。因此我还有可能在改正这些错误之余把某些不幸的事情变得稍微顺利些。**即使这些要求不予满足的话，我仍然愿意接受上帝的恩赐，按照我原来的样子重新活过一遍。既然这种人生的重演是不可能的，那么最接近这种重演的好像只有对人生的回忆了，把回忆写下来从而尽可能地保留久远。

从富总自传的这些开头语中，我体会到了他对他的人生的无怨无悔和满足，他的谦虚(他下辈子还要继续改正错误呢)，他对处世方式的苛求，还有不可或缺的一丝虚荣。富总是有自知之明的，紧接着后面的一段话就是请求他儿子对他老年人啰里啰唆的原谅以及对他可能有的一丝虚荣的原谅。他说适当的虚荣，对名誉的追求，是可以接受的，对追求虚荣者是有益的。

富总，您就不用谦虚了。您看看您的战友、美国国父华盛顿如何评价您：

在我的一生中，能让我敬佩的人只有三位，第一位是本杰明·富兰克林先生；第二位是本杰明·富兰克林先生；第三位还是本杰明·富兰克林先生。

——乔治·华盛顿

2016-08-07

53 Do good to your friends to keep them, to your enemies to win them.

善待朋友以维持友谊，善待敌人以化敌为友。

你把他当朋友，他就把你当朋友。朋友如此，敌人也如此。

你把你的敌人当成你的朋友，请他帮你个小忙，然后他就会帮你的大忙，他就不知不觉成为你的朋友了。人是有帮助人的冲动的，你满足了他那一点冲动，他当然把你当朋友了。这就是心理学上所说的**富兰克林效应**。

我们的富总有一次很想获得宾州某议员的合作，但这个议员跟富总关系不好，势如水火。富总没有低三下四去求他，反而是请这位"敌人"帮他一个小忙。富总知道这个议员的私人藏书中有一本绝版的稀世图书，他就询问议员是否能把那本书借给他看两天。议员说没问题，接下来发生的事正如富总所描写的，"当我们再次见面时，他对我说话了（他以前从来没有这么做过），而且很有礼貌。后来，他还向我表明他随时愿意为我效劳。"

《道德经》第49章"圣人无常心"中这样说：

善者，吾善之；不善者，吾亦善之。德善。信者，吾信之；不信者，吾亦信之。德信。

善良的人我们以善良的行为对待他，不善良的人我们也以善良的行为对待他，这样就能够使天下的人得到感化而变得善良。守信的人我们以守信的行为对待他，不守信的人我们也以守信的行为对待他，这样就能够使天下的人守信了。

　　冤家宜解不宜结，做大事的人还真是要以德报怨，善待敌人。买(或者卖)敌人一个好处，等于是消灭一个敌人再外赚一个朋友。富总真是聪明绝顶，把我们的《道德经》也学去了。

2016-08-08

54 **Even peace may be purchased at too high a price.**

即使是和平，也要出不菲的价钱才买得到。

有那么贵吗？连这么会做生意的富总都这么说。

有多贵？

为了和平，父子反目了。

富总在英国多年像一个无冕的大使一样为美国殖民者争取利益，但是有一天矛盾不可调和了。英王说，当然要收你们的税了，难道你们的防务就不需要开支吗？让英国本岛的人帮你们出吗？但是革命派也有革命派的理由。英国收税的人被人打了，于是就派军队保护收税人，军队"不小心"打死两个造反的，然后革命的小火、大火就烧起来了。开始时富总是在保皇派和革命派之间摇摆的。他太喜欢英国的生活了，他忠于英国，也忠于他的家乡——新的殖民地美国。他一度两边不讨好，在英国受到的嘲讽对他打击更大。在两边都骂他时，他选择了回老家美国去接受John Adams等人的责问：你到底效忠谁？他选择美国。富总被称为美国历史上"第一个美国人"。

富总在痛苦抉择之后，解脱了，他的儿子却不乐意——老爸，我追随您一辈子，跟着您客居欧洲，跟着您做科学实验，跟着您参与政治活动，您不是一辈子都教导我忠诚二字吗？我现在作为大英帝国新泽西州的总督，我坚决服从英王的旨意。

听听我们富总后来的话：

Nothing has ever hurt me so much and affected me

with such keen sensations, as to find myself deserted in my old age by my only son; and not only deserted, but to find him taking up arms against me, in a cause wherein my good fame, fortune and life were all at stake. [1]

在我年老的时候我发现自己被我的独子抛弃，这是我平生经历的最大的伤痛，让我感到前所未有的强烈的痛楚；不但是发现被抛弃，而且还发现在一项关乎我的名誉、财产和生命的运动中他拿起武器与我为敌。

太伤心了。前面我还责怪富总狠心，至死不原谅儿子。唉，不好意思。

群里诸君，请再掂量一遍吧：**即使是和平，也要出不菲的价钱才买得到。**

2016-08-09

[1] David Fisher and Bill O'Reilly. Bill O'Reilly's Legends and Lies：The Patriots Hardcover. Henry Holt and co, 2016

55 Creditors have better memories than debtors.

对于那些债呀，债主比债户记得更清楚。

欠钱的人通常都比较容易忘掉自己到底欠谁或是欠了多少钱，而借钱给别人的人记得会更清楚些。结果是什么呢？钱借出去了，却收不回来了，朋友关系也臭了。为什么呢？人的选择性记忆呗。

莎士比亚的名著《哈姆雷特》里面也有这么句话：

Neither a borrower nor a lender be, for loan oft loses both itself and friend. And borrowing dulls the edge of husbandry.

既别放债，也别借债。因为钱借出去常常既丢钱又失朋友，而借钱进来又会滋养懒惰。

是不是不相信前面两位大家的忠告啊？现代的心理学研究者卡耐基·梅隆大学的George Loewenstein和维也纳大学的Linda Dezső专门定了一个研究题目，调查了971人的个人借贷经历。发现我们人类确实有这个心理毛病叫做"盲点"，让我们很容易忘记我们欠人家钱的事情。这篇文章的名称是《放债人的盲与借债人的盲点：一项对个人借贷经历的描述性研究》，发表在2012年的《经济心理学杂志》上[1]。

我曾经看到了一个博主"少年商学院"的博客文章——

[1] Dezső L, Loewenstein GF. Lenders' blind trust and borrowers' blind spots: A descriptive investigation of personal loans. J Econ Psychol, 2012; 33: 996-1011.

《钱和朋友不可兼得》。他说得太好了[1]：

(美国人)为了不破坏这(朋友)关系，宁可找陌生人或机构去借，利用契约来解决问题。不为着省点利息钱，把亲戚朋友得罪。

中国是人情社会，熟人之间借钱比较普遍。把钱借出去，自己后来要用钱，去要吧不好意思，不要吧自己为难，或者是甲有钱的时候借给乙，乙有钱的时候却不借给甲，平地里生出不尽的怨恨。大家往往是一开始你好我好毫不计较，最后反目成仇。我觉得我们的做法更残酷无情。

抛开其他国家的习俗不论，我国古人也告诫我们：君子之交淡如水。还有一句话：救急不救穷。不到万不得已不用伸援手，不到走投无路，更不要借钱。朋友之间，越没利益往来，友情就越是地久天长。

不啰嗦了，我赶紧回家查账本儿去了，看看还有谁家的钱我还没有还上。

2016-08-10

---

[1] http://www.peihaiziwan.com/p/c4a36201b139f34763b0ff852db2810e

56 If a man empties his purse into his head, no man can take it away from him. An investment in knowledge always pays the best interest.

如果一个人把钱包掏空，变成知识财富装到他的脑袋里，没人能抢走。在知识上的投资总是回报最高的。

（虽然这句话又不是富总说的，是后人加他头上的，但是无所谓，许多人也把一些寓意深刻的话加在孔子的头上。）

一个人要投资在武装大脑上，一个团体或国家要投资在教育和人才培养上。这些都是一本万利的投资。

中国古人讲：万般皆下品，唯有读书高。

英国人弗兰西斯·培根(1561—1626)说：知识就是力量(Kowledge is power)。

美国人富总的语录说：知识就是资本，而且是回报最高的资本。

没有哪个团体和个人对知识的重要性有异议，但是在行动上，在实际的投资上花了多大的力气呢？好像参差不齐吧。好在我们国家有科教兴国的国策，最近也倡导科技创新。先不去说国家层面，咱们先省视一下自己。看看去年一年的花销记录，我们有多少钱是花在自己的培训、学习和能力提高上？因为时间就是金钱，所以我们也可以问，过去一个月或者一个星期我们花了多少时间去读一本书、去学一个新东西？

是不是投资不够坚决呢？为什么呢？是不是因为回报周期太长呢？确实，十年树木，百年才可以树人。投资于知识，投资于人才，投资于教育，可能也是属于长线投资？

即便如此，聪明的投资家是否短线和长线投资都应该重视呢？况且，短长之间哪有那么清楚的界限？香港是个金钱社会，许多年轻人大学毕业该工作就工作了，读什么研究生呀。即使读，我也不去全职读，我下班后或者节假日去读。拿到研究生文凭或者学位之后，投资回报应该是立竿见影，许多人的工资会涨。这算是短线投资，而且有的学生也就为了文凭那张纸，不在乎学什么新东西。这给了我两点启示：一是即使你是混文凭，你还是学到了一点东西的，你还是贡献了社会提高了生产力的，否则这个教育机构(包括我这个教书的)真的成了纯粹卖文凭的了；二是某些个人在知识更新方面短线投资的回报，也正好体现了整个社会大环境对知识的重视和长线的投资。

知识、人才和教育，都要投钱投时间，但这是最划算的投资。

2016-08-11

57 Be civil to all; sociable to many; familiar with few.

礼待所有人，善待很多人，诚待几个人。

"Civil to all." 礼待所有人。对任何人任何时候都要有礼貌，环绕你建立一个正能量的气场，从而吸引好人、好事和好机会。出来混总是要还的，出去的总是要回来的，所以不如发射一点正能量出去。每个人都会遇到合不来的或者不喜欢的人，但是富总坚决尊重所有人，对人以礼相待；谁知道与你合不来的人哪一天会变成朋友呢？

"Sociable to many." 善待很多人。每个人的社会圈子有限，不外乎家庭、朋友、同事、同胞之类，能帮则帮，不伤害人。古语云："己所不欲，勿施于人。"富总发财了，但是他从来没有忘记他穷苦时候的老朋友。当富总开始为美国的独立而奔走时，他英国的许多朋友们不理会他了，但是富总仍继续尽最大努力与他的老朋友也是新敌人们隔着大西洋保持联络。

"Familiar with few." 诚待几个人。富总经常要求我们学会缄默，学会少说话，但是总得有人跟他说话吧，总得有朋友可以开诚布公和畅所欲言吧？无话不说，没有戒备的朋友，总得要有几个吧？多谢富总与其好朋友的书信往来得以传世，才让后人又多了一个侧面了解您的思想。

富总最为人称道的就是他的个人磁场和魅力让他在生命中总有无数的贵人相助，因为他从来都是积极主动地招徕一切可能的朋友和顾客。

2016–08–12

58 If time be of all things the most precious, wasting time must be the greatest prodigality.

若说世间光阴最宝贵，浪费光阴则是浪费之最了。

不要浪费时间。

什么都能浪费，但不要浪费时间。

一寸光阴一寸金，寸金难买寸光阴。

不要浪费一个医生的时间在修自家马桶上；不要浪费一个修理工的时间在百度上寻医问药。不要为了省钱，浪费了时间；难道您忘记了时间才是最值钱的？

富总的语录多多少少都有一点幽默和调皮的，间或有一两条语录冒出来规规矩矩、直直白白的，读语录的人反倒不知所措了。

2016–08–13

59 God heals, and the doctor takes the fees.

上帝管治病，医生管收费。

　　上帝造人，赐其能力，生病也可自愈。医生却跑来邀功收费，说是他给治好的。

　　据说富总还有另外一条语录：

He's the best physician that knows the worthlessness of most medicines.

　　大多数药没有用处，能意识到这点才是最好的医生。

　　两条语录意思差不多，但是这一条"takes the fees"有关收取费用的事情，好像流露出富总小小的不屑？

　　医生邀一点功，其实也无可厚非。因为他确实也帮了上帝的子民一些小忙的。有人说医生是上帝伸向这个世界唯一的手；也有人说，医生是白衣天使，是上帝派来的使节，救死扶伤。今天我在昆明一个以胸外科大夫为主的会议上看了5台手术：4台肺癌手术，1台食管癌手术。我这个见习者，把心提到嗓子眼儿，像是在看恐怖电影——看到几位知名的国内外专家使刀弄剪，切了又缝，缝了又补，小心翼翼的同时也看到自信满满。他们的自信从哪里来？精湛的医术，再加上对病人的机体自愈能力的认知。但是如果没有医生一层两层地缝缝补补，上帝赐给的伤口自愈能力也无从谈起。

　　我的一个朋友是胸外科主任，抽烟很多。每次我劝他戒烟，他都说是因为压力太大，从手术台上下来之后好想抽几口烟，放松放松。以前我是不买这个账的，直到今天我现场看到他们的手术，我才理解一些他所说的压力和责任了——那些针尖、刀尖，只要手一抖，就可能抖到某一根大血管或者神经上。我对这些白衣天使的医术和医德更加地崇敬了。

西方医学鼻祖希波克拉底在医学生誓言中反复强调：医生不仅要技艺娴熟，而且要品德高尚。我国明朝的裴一中在《言医·序》中说："学不贯今古，识不通天人，才不近仙，心不近佛者，宁耕田织布取衣食耳，断不可作医以误世！" 中国外科学奠基人裘法祖也说：德不近佛者不可为医，才不近仙者不可为医。

我们对上帝派来的白衣天使要求如此之高，世人又为他们做了点什么？有没有给他们应得的宽容、支持和鼓励？这帮使者帮上帝收收费又怎么了？

2016-08-14

60 Energy and persistence conquer all things.

努力加坚持，无往而不胜。

只要有恒心，就没有搞不定的事情。富总是在重复我们荀子在《劝学》中讲过的话：锲而舍之，朽木不折；锲而不舍，金石可镂。

多谢富总和荀子的教导。我领会到了：做事情要坚持，不可以半途而废。

但是，二位说的话有点绝对了——恒心可能是成功的必要条件，但不是充分条件。比如，给你一百块铁刀片，让你天天雕刻天天锲，你可能一辈子也不能在金刚石上镂出一丝痕迹的。因为你的工具选错了，或者你的目标选错了。

汗水是必要的，灵感也是必要的。爱迪生也说过：

Genius is one percent inspiration and ninety-nine percent perspiration.

天才是1%的灵感加99%的汗水。

但是有调皮的后人又补了一句话：

Without the one percent of inspiration, all the perspiration in the world is only a bucket of sweat.

没有那1%的灵感，所有的努力最终也只是收获一桶汗而已。

要努力，要坚持，但是也需要灵感，需要天赋。社会上一些事情，还要讲究机缘。总不能用你这句励志语鼓动一些情种去锲而不舍地追求一段段不可能的爱情吧？

2016-08-15

61 He that blows the coals in quarrels that he has nothing to do with, has no right to complain if the sparks fly in his face.

人家争吵，如果与他毫不相干，他去火上浇油，惹火烧身，那是咎由自取。

这句话最早出现在Richard Steele (1629—1692)所著 "*The Religious Tradesman: or, Plain and Serious Hints of Advice for the Tradesman's Prudent and Pious Conduct from his Entrance into Business, to his Leaving Off.*"（《虔诚的生意人：或者，送给生意人的简单和认真的建议用以指导他们从入行到退出期间谨慎和虔诚的行为》）。

这本书中有专门一段话是 "Of other People's Quarrels"（旁人的争吵）。旁人吵架时，你要小心翼翼，保持缄默。因为人家争吵，如果与他毫不相干，他去火上浇油，惹火烧身，那是咎由自取。干涉别人的争吵，又不得罪任何一方，太难了——几乎所有人只在乎自己眼前的利益，完全无视对方的要求，所以你如果帮了一边又帮另一边，最后肯定是两边都不讨好；或者有时候是输家厌恶和痛恨你，因为他不会根据事实而是根据他自私的偏见来判断你的行为。

什么时候介入，什么时候不介入旁人的争吵？富总当年应该有很多的思考吧。关键还在于旁人的争吵是否涉及了自己的利益。富总自己先是代表的英国在美洲的殖民地，后来是代表独立战争胜利后的美国。他眼中的旁人包括：英国人、法国人、土著印第安人、西班牙人等等。他曾经幻想英国国王能与他的殖民地革命者们达成某种程度的妥协以至于双方都开心，结果被两边骂，再后来才选边站在革命者一边，连儿子都不认了。英美打起来以后，是富总的个人魅力和外交手腕再加上法国人对英国旧恨的耿耿于怀才争取到了法国人的宝贵支持，自由女神像就是法国人送的呢。美国人与法国人的双边防卫协议直到1949年才告一段落。

　　如果旁人的争吵涉及自己的利益，这个火，该惹还是要惹的。美国的建国者们应该是这样想的吧？美国现代的当政者是如何思考的呢？中国的领导人是如何分析形势的呢？

2016–08–16

62 To lengthen thy life, lessen thy meals.

想活得久一点，就吃得少一点。

富总推崇的13美德之一就是"Temperance"（节制，吃、喝酒不过量）。我还以为他就是为了道德修养呢，原来也还有养生长寿的考量？

节食是古代许多国家流传的长寿秘诀。在现代，节食是减肥者的必修课，也有人继续研究节食与长寿的关系。两年前我看到一本日本人写的《轻断食》之后，就开始做实验，给自己减一顿饭，看看能不能改善我经常胀气和腹泻的毛病。先是不吃早餐，因为我胃肠弱，早餐吃完特别容易腹泻，我就决定不吃，让你没东西可泻。后来，我早餐前喝点姜茶，不腹泻了，能吃早餐了，我就慢慢地把午餐给断了。学校食堂的饭菜太难吃，午餐又找不到好的地方，吃完了还打瞌睡，于是我干脆不吃了，结果中午多出来两个小时的高强度工作时间。我一天大致吃两顿饭，到现在已经两年多了，感觉挺好的。长寿的事情咱管不了，每天健康有精神还是要在意的。

富总也不是瞎编的，他应该也是从古代的格言警句中读到节食的益处吧。

2016-08-17

63 You may delay, but time will not, and lost time is never found again.

你可以拖，时间不会跟着你拖，失去的时间永远找不回来。

失去的钱可以再赚回来，失去的时间赚不回来。富总在他84岁那年已经成为一个著名的作者、印刷业者、政治家、邮政家、讽刺作家、发明家、音乐家和外交家。能有如此多的成就，这位美国的建国者的生命中可能没有一天是闲着的。他推崇的13美德的第3条是"条理"，第6条是"勤奋"。前者要求会管理时间，后者强调不浪费时间。

但是，我们许多人是喜欢拖拉的，不是吗？拖拖拉拉的根源在哪里呢？可能有两个极端：过于谨慎或者过于莽撞[1]。

拖拉的根源有时在于害怕失败。总是希望第一次行动就完美无缺，结果是迟迟不肯开始。其实，想好了要做的事情，今天就做，不要拖到明天。因为明天你有可能已经失去做这件事的兴趣和机会。正所谓：一鼓作气，再而衰，三而竭。

拖拉的根源有时也在于莽撞。不计划好，莽撞行动，等于计划着失败。是的，我们不能害怕失败，要勇于接受失败，要狠狠地失败，但不要从开始就想着去失败。

避免走两个极端，过好每一天吧。

2016–08–18

---

[1] http://www.inc.com/samuel-bacharach/stop-procrastinating-five-tips-from-ben-franklin.html

64 **Without justice, courage is weak.**

无义之勇，小勇也。

服务于正义事业的勇气才有力量，才是大勇。富总这句语录的原始出处不详。但是在世世代代的中国，这句话还是深入人心的。

《论语》说：见义不为，无勇也。改编一下，可以说：见义敢为，是为勇。《论语》的《阳货篇》又说：君子有勇而无义为乱；小人有勇而无义为盗。敢做敢为而不受义的指导和约束，可能流而为乱，为盗。

朱熹诠释孟子的主张，把"勇"分为"小勇"和"大勇"：小勇，血气所为；大勇，义理所发。也就是说小勇只是血气的一时冲动，大勇则需要道义来激发。孟子认为，那种气势汹汹按剑逼人的勇不过是匹夫之勇，而周武王为天下人讨伐暴君，"一怒而安天下之民"，才能称为大勇，因为这是为道义所激发的勇，是正义之勇。

蒋中正说：

所谓小勇，乃系无主义、无目的、无知识之勇。大勇之勇，乃为为国家，为人民而奋斗牺牲之勇，成则利国福民，不成则成仁取义，其为光荣，乃为无上之光荣，其为价值，乃为无上之价值。

大致意思是：小勇敌一人，大勇安天下。无义之勇，小勇；正义之勇，大勇。

2016–08–19

65 The way to see by Faith is to shut the Eye of Reason.

若要靠信仰辨物，须关闭理性的视角。

引用富总这句话，后人经常说：信仰能够蒙蔽和妨碍理性的思考。好像把信仰和理性当成了水火不容的两个极端，所以很警惕，不让宗教信仰干预科学研究和政治活动。政教分离，源于欧洲摆脱宗教控制的科学革命、启蒙运动、文艺复兴、宗教改革等。美国也以政教分离立国。宗教不干涉政府，政府也保障宗教活动和信仰的自由。有井水不犯河水之意。

但是有人认为[1]，富总并没有说信仰和理性水火不容。我们可能曲解了他的意思。

他的原话是这样的：

The way to see by Faith is to shut the Eye of Reason: the morning daylight appears plainer when you put out your candle.

若要靠信仰辨物，须关闭理性的视角：只有熄灭蜡烛，晨光才更明亮。

他把理性比作了烛光，把信仰比作了日光。他并没有认为信仰可以蒙蔽理性思考。他更想说的可能是：理性可以探索微不足道的小世界，而信仰才可以触摸到无穷大的世界。或者他认为，必须把这二者放在独立存在的两个不同的世界里来衡量。

---

[1] Coffman, Steve. Words of the Founding Fathers: Selected Quotations of Franklin, Washington, Adams, Jefferson, Madison and Hamilton, with Sources. McFarland & Company, Incorporated Publishers, 2012

确实，富总一生都希望在宗教和理性之间找到一个平衡点。他的作品中对宗教和理性都有讽刺和调侃。

2016–08–20

66 Let thy child's first lesson be obedience, and the second may be what thou wilt.

先教你的小孩听你的话，然后你想教什么就可以教什么。

古语的thy = your; thou = you; wilt = will.

是的，小朋友如果听你的话，遵守你的纪律，他们得要少走多少弯路啊！乖、听话、服从、守纪律。这些是许多父母所渴望的小孩子的早期品质。有些父母甚至把纪律培养当成教育的全部。其实，只要小朋友感受到满满的爱和尊重，他们天生并不会有叛逆。但是在现实中，尤其是在缺乏互相尊重的前提下，让一个人服从另一个人差不多是世界上最难的事情。啃不动"让小朋友听话"这块硬骨头，不如换个角度思考，与其教小朋友服从于父母，不如教他们学会自律。

学会服从，服从谁？服从别人，真的好难。富总没有做到，也不用太过要求自己的儿子了。富总8岁上小学，接受正规教育不足两年，以后一辈子全靠自学了。10岁时他老爸就让他辍学回家学习经营他家卖蜡烛的生意。富总不喜欢这些生意，但是很爱看书，所以他老爸想办法帮他找学徒工的工作。富总12岁时签约给他21岁的哥哥James Franklin做学徒，合约期限要到富总21岁才结束，但他17岁时，就逃跑了，他老爸当时一定气晕了。

服从于自己的原则，此为自律。富总做自己喜欢的事情时，有严格的纪律要求自己。例如写作，他没有受过正规教育，所以他钻研和严格地模仿经典作品，练习自己的写作。

他对自己和别人也要求品德修养，要求守纪律，要求自律。

富总本身就是一个服从和叛逆的矛盾体。没有很强的自律性，他不可能自学成才，也不可能成为美国人的道德模范；没有他的叛逆性和创造性，他不可能成为美国最伟大的革命者之一。

1739年富总也在学习育儿经，所以把Thomas Fuller (英国牧师，1608—1661)这句话也登在他的《穷查理年鉴》上。那一年，他的儿子William大约8岁，可能还处在七八岁狗都嫌的年纪。那时候他是否很欣赏英国牧师的这句话呢？ 他儿子听了他一辈子的话，到富总老的时候却在政治问题上父子反目，让人不胜唏嘘。富总变得快，连儿子都没有跟上。教人服从，谈何容易？

2016-08-21

67 If you desire many things, many things will seem few.

越是奢望很多东西，这些东西就越显得不足够。

　　贪婪的人，总担忧自己拥有的不够多，得到很多，又想更多。贪心是一个无底的洞，欲壑难填。

　　正常、合理的欲望或物质追求无可厚非。人类如果没有欲望，就没有进取心，社会就会停滞不前，但是对物质的追求要有度，过度就是贪。孟子说："养心莫善于寡欲。"减少欲望，就会减少累赘和愁苦。荀子说："欲虽不可去，求可节也。"富总有类似的道德追求。他追求的13美德第9条是Moderation(中庸)——适中、适度，避免走极端。

　　廉者常乐于无求，贪者常忧于不足。

　　(前面所讲追求的"东西"多指物质财富和身外之物，但如果是对知识财富的追求和品德修养的苛求，那么"贪者，常忧于不足"应该要受推崇的了，对吧？)

2016–08–22

68 God grant that not only the love of liberty but a thorough knowledge of the rights of man may pervade all the nations of the earth, so that a philosopher may set his foot anywhere on its surface and say: "This is my country."

上帝保佑，不但是对自由的热爱而且还有对人权的深刻理解能够渗透到地球上所有的国家，从而一个哲人在踏足地球上每一片土地时能够说："这就是我的国家"。

　　这是富总在1789年12月4日写给远在英国利物浦的好朋友哲学家David Hartley的一封信中的一句话。美国独立战争打完后，是他们两个撰写《巴黎条约》并各自代表英、美两国在上面签字的。写信时间距离富总去世(1790年4月17日)不到半年，法国大革命(1789—1799)刚刚开始。

　　富总在信的开头感谢了这位哲人、这位好朋友对他病情的关心，也感谢上帝分配给他一生不多不少这些时间。

　　然后就是跟我们这句语录有关的这几句话：

The Convulsions in France are attended with some disagreable Circumstances; but if by the Struggle she obtains and secures for the Nation its future Liberty and a good Constitution, a few Years Enjoyment of those Blessings will amply repair all the Damages their Acquisition may have occasioned. **God grant that not only the Love of Liberty but a thorough Knowledge of the Rights of Man may pervade all the Nations of the Earth so that a Philosopher may set his Foot any where on its Surface and say: "This is my Country."** Your Wishes for a cordial and perpetual Friendship between Britain and her ancient Colonies are manifested continually in every one of your Letters to me; something of my Disposition on the same Subject may appear to you in casting your Eye over the enclosed Paper.

大意是说：

法国的动乱让人揪心，但是如果通过这场斗争，这个国家能够得到自由和一部好的宪法体制，那么今后的幸福生活是完全可以抚平那些创伤的。**上帝保佑，不但是对自由的热爱而且还有对人权的深刻理解能够渗透到地球上所有的国家，从而一个哲人在踏足地球上每一片土地时能够说："这就是我的国家"**。您在给我的每一封信中都一直表达让英国和她的前殖民地保持真诚和永久友谊的愿望。请您过目我附录的文章以了解在此同一话题上我的看法。

有后人将富总前面很长的一条语录简化为：Where liberty dwells, there is my country（自由在哪里，国家就在哪里）。

每个人有自由才有国家。

2016-08-23

69 Don't throw stones at your neighbours, if your own windows are glass.

如果你家是玻璃窗子，不要朝你的邻屋丢石头。(拿石头砸邻屋，自己的窗户也破了。)

如果你自己的屁股也不干净，就不要笑话别人。

自己有同样缺点的人最好不要说他人。

throw stones at——字面意思是扔石头砸人，引申的意思是非难、指责别人，在这条语录中是一个双关语。也有人用sling bricks at——扔砖头砸人，批评人。富总这句语录最早可以追溯到中世纪英国诗人Geoffery Chaucer在1385年的诗作*Troilus and Criseyde*。

西方人用扔石头、扔砖头表示批评，中国人也用"拍砖"表示批评。"欢迎批评"的网络词语是"欢迎拍砖"。"拍砖"一词可能是英文sling bricks翻译来的，也可能原产于国内。网络上有人说"拍砖"一词可能与北魏年间的"怀砖"一词有关。说某地百姓野蛮，迎接新官上任时就怀揣着砖头，俯首欢迎，待到官员辞任离开时，便用砖头砸他。从"怀砖"到"拍砖"，形容态度变化之快。网络上没有给出确切出处，所以暂且存疑。

说人家不好之前，自己先照照镜子吧。

2016-08-24

70 Buy what thou hast no need of, and ere long thou shalt sell thy necessaries.

老买你不需要的东西，那你很快要卖掉真正需要的东西了。

先变成现代英语：

Buy what you have no need of, and before long you shall sell your necessaries.

不要浪费钱在无谓的东西上。

此语录出现在富总1758年所写的《致富之路》(*The Way to Wealth*)中。根据上下文的意思，富总强调两点：1. 不要因为便宜就贪图小利买不需要的东西；2. 不要为了虚荣而买不必要的奢侈品。前者为了占便宜，后者为了要面子，结果都是花钱买不必要的东西。

如果你不需要这件东西，它即使再便宜对你来说也很昂贵。不要因为贪小便宜而铸大错。

为了在人前炫耀而买漂亮衣服或者其他奢侈品，是另一个祸害。今天奢侈一把，明天说不定就要忍受饥饿之苦，并连累家人食不果腹。富总有其他的语录说：绫罗绸缎和五彩霓裳熄灭了厨房的烟火。

花钱买后悔，何苦来着！

2016-08-25

71 **He that cannot obey cannot command.**

不会服从的人不可能会指挥。

　　领导与服从，将与兵，一体之两面。有将才有兵，有兵才有将。只有会服从，才可能会指挥。能当好兵，才可能当良将。自己能当一个会服从的好兵，将来才有可能指挥更多的好兵，成为良将。没有当兵的经历，不理解服从的心理学，怎么会掌握指挥的艺术呢？不理解服从的义务，怎么会深刻理解指挥的责任(权利)呢？

　　将心比心，体会当兵的情绪和想法，理解当兵的立场和感受，并站在当兵的角度思考"服从"的问题，以帮助思考"指挥"的问题，这是一个将军应该有的换位思考，也称同理心(empathy)。

　　换位思考是一种智慧，讲起来容易，但现实中经常要在换位做人或做事的过程中才能慢慢领会。例如，养儿方知父母恩，当家才知柴米贵。一个人，当过兵，又当过将，才可能真正理解服从和领导；一个人，要当过医生，也当过患者，才可能更深刻理解医患关系。评审别人的稿子，骂人家，称赞人家，然后才开始更多反思自己作为投稿人的角色。

　　随着年龄的增长，有更多机会帮助一些年轻朋友一些事情。有些年轻人，连一些感谢的话也不会说。有时我感觉他们把事情想当然了，感觉他们不礼貌，我自己还郁闷。然后，我想起自己学生时代那些丑事。对许多帮过我的朋友和老师，我心存感激，但又嘴笨，而且因为自己境况不好所以倔犟地拖着不去表达那份感激，一拖再拖，然后就拖没有了。多年后我感到自责，却发现我的老师根本没有把那些当一回事情，根本没有把那些当成无礼，也根本没有责备过我。可能因为他们也年轻过，也经历过吧。来来回回想一想，我的郁闷没有了，多了几分理解。责己责人，恕己恕人。换位做人，来回几遭，方才释然。

　　换位思考，做人做事。

2016-08-26

72 If you would persuade, you must appeal to interest rather than intellect.

想要劝服他人，你要诱之以利，而非晓之以理。

事实、证据、大道理和小道理，大家都明白，用来劝人用处有限，因为每个人都是戴着有色眼镜看问题的——"我从中能得到什么好处？""我"字最大，"你"这个字我不关心。有了这个有色眼镜后，他可以放大这件事实，看淡那条证据。所以，"晓之以理"作用有限。

攻心策略无非三种：晓之以理，动之以情，诱之以利。多数攻心战术都是这三种策略的综合利用，古今中外使然，概莫能免，而"诱之以利"应该是拿"干货"说话，给我实际的利益，我才采纳你的方案。

中国古谚有"小人诱之以利，君子欺之以方"。对于小人，可以诱之以利；对于君子，则要利用他的原则来骗他。管你什么小人还是君子，我把事情办了就行。我们富总是实用主义者，实战中可能体会到的还是"以利服人"更重要吧。

随便环视一下身边铺天盖地的广告，体会一下您今天被哪条广告俘虏了？

2016-08-27

73 Keep thy shop, and thy shop will keep thee.

经营好你的店铺，你的店铺才会把你经营好。

现代英语：

Keep your shop, and your shop will keep you.

经营好你的饭碗，你的饭碗才会养活你。

要勤快，不能懒惰。工作要上心，不要丢了经济来源，否则你吃什么呀？做好你的本职工作，贡献于社会，社会才会养活你。

富总这句语录朴实得不得了，无话可加了。

2016–08–28

74 He that falls in love with himself will have no rivals.

爱上自己的人，不会有对手。

单纯就这句话的字面意思，其实是有歧义的。"have no rivals"爱上自己的人，不会有对手。但是，没有什么样的对手？与对手抢什么，比什么？

1. He that falls in love with himself will have no rivals (in loving him).

爱上自己，不会有情敌。

没人抢得过你，好好去爱你自己吧。结果呢，世上只有你爱你自己。太过自私的人，在这个世界上很孤单，很可怜。这应该是富总这句语录的原意，多数地方这样引用。

2. He that falls in love with himself will have no rivals (in making the best of his life).

爱上自己，天下无敌（与其他人相比，他实现了最大的自我）。

第二种解释被许多心理学者采纳，用来鼓励自尊、自信和自爱，鼓励接受自己，不要苛责自己的缺点，不要自惭形秽。接受自己，你才开心；开心，你才能尽用你的才能；你开心，你爱自己，你才能爱别人。只要没有达到自欺的程度，自尊自爱是健康的、有益的和无敌的。

2016–08–29

75 **Nothing is more fatal to health than an over care of it.**

过分关注健康是健康的最大杀手。

前面富总有句语录说"God heals, and the doctor takes the fees."（上帝管治病，医生管收费。）用以强调病人有自愈能力，不要迷信医生和药物。

现在这句语录中，富总更进一步说，你到底有没有生病还不确定呢。你的病是不是你臆想出来的？如果是，你这个病叫做疾病臆想症或者叫做疑病症(hypochondria)，这是一种对自己身体健康状况过分关注、担心或深信自己患病的病态观念，导致其经常述说某些不适，反复就医，经多种检查均不能证实疾病存在。富总讽刺说，这种病是最要命的病，能把一个好人给折腾死。

正常人在某一时期过分重视自己的健康，可能出现疑病观念。例如，见友人死于心肌梗死，使他对自身轻微胸痛过分关注，但经检查证实无病后，一般都会减轻忧虑。不幸的是，太多不负责任的医疗和保健广告不知道制造了多少恐怖的故事，对现代人脆弱的小神经狂轰滥炸，让他们觉得自己有多么的不健康，结果给社会制造了不知道多少没病找病的人。

关爱生命，关注健康。凡事有度，过则为灾。

2016-08-30

76 The nearest way to come at glory, is to do that for conscience which we do for glory.

通向荣耀的捷径是：做事凭良知，不为荣耀。

这是富总引用"法兰西思想之父"法国哲学家伏尔泰(1694—1778)的一篇散文中的一句。

伏尔泰举例说，亚历山大的品德远远不及苏格拉底。前者为了荣耀而去征服世界，后者凭着良知安稳度日。他又说：

灵魂的高尚不在于飞得高，而在于行得正；灵魂的伟大不体现在伟大的事业上，而体现在平凡小事上[1]。

外在的光鲜不一定反映内在的品质，而内在的品质只能在不为人知的琐事中体现。

2016–08–31

---

[1] 译自一个英文版本：The virtue of the soul does not consist in flying high, but in walking orderly; its grandeur does not exercise itself in grandeur, but in mediocrity.

77 How much more than is necessary do we spend in sleep, forgetting that the sleeping fox catches no poultry, and that there will be sleeping enough in the grave.

我们有多少时间花在了贪睡上，忘记了贪睡的狐狸抓不到鸡，忘记了入土后可以睡个够的。

此语录出现在富总1758年所写的《致富之路》(*The Way to Wealth*)中，鼓励勤奋，反对贪睡。前后文大致是这样的：

如果某个政府强制向人民征收他们收入的1/10作为税收，这必定会被认为是一个残暴专横的政府。但是，如果我们仔细计算一下自己有多少时间是处于绝对的无所事事、游手好闲状态之中，有多少时间是在玩笑嬉戏、无聊闲扯之中度过而一事无成，我们就会发现，对我们中的许多人来说，因懒惰闲散而付出的代价或缴纳的税赋要远远多于政府的横征暴敛。

懒惰作为一种疾病，毫无疑问会缩短我们的生命。懒惰就像铁锈一样，比劳动更能够消耗一个人的生命，而一直使用的钥匙则总是闪闪发光的。如果你真的热爱生命，那就千万不要浪费时间。自我反省一下，**我们有多少时间花在了贪睡上，忘记了贪睡的狐狸抓不到鸡，忘记了入土后可以睡个够**。如果说时间是一切事物中最为宝贵的，那么浪费时间是最严重的和不可饶恕的挥霍，因为失去的时间永远都不可能再找回来了。尽管我们自以为时间非常充足，而事实上时间永远都是不够的。因此，让我们从现在开始就珍惜每一刻光阴，在行动中证明时间的价值。

富总没有帮我们定义多少睡眠是必需的(necessary)，超过多少算是贪睡，少于多少算是缺觉。富总青年时期的睡眠时间是每天7个小时。

2016–09–01

78 Wink at small faults; remember thou hast great ones.

不要挑人家的小毛病；不要忘记你有许多大毛病。

现代英语：

Wink at small faults (of others); remember you have great ones.

"wink at"是指眨眼睛，假装看不见。

这与富总之前的语录"Be at war with your vices, at peace with your neighbors, and let every new year find you a better man."（与自己的坏习惯为敌，与人为善，每年完善一点点。）写法不同，但是意思一样：

严以律己，宽以待人。

原谅、宽恕别人。

富总唯独没有原谅他的保皇派儿子William。他应该还是把他儿子当成了"己"，没把儿子当成旁人吧。唉，只是苦了William，当富总的儿子真不容易啊。

2016-09-02

79 Fear to do ill, and you need fear nought else.

对于行恶有所忌惮，那么你就无须忌惮任何其他东西了。

(nought = nothing)

"do ill" 可以指做坏事、行恶，也可以指把事情做坏了、做砸了、做错了。富总的意思应该是指前者，强调道德修养。对做坏事有所忌惮，对邪念有所警惕的人，行得正，坐得端，还有什么好畏惧的呢！

要有良知，有良心。做到问心无愧，坦坦荡荡。坦荡之间，也就无畏了。

吴韦材所著《心写心》(Heart to Heart)里有《人性本善》一篇，其中有描写"良知"与"无畏"之间的关系：

> 人出世后，各种官感与体验虽蜂拥而至，但塑造人格时，就凭着这点人类内心能够自我发动的良知，其实就能甄别大多数的是非好坏，并将之默认，并将记忆留存于内。
>
> 而一些有能力的人，甚至还能将良知转化为一股大无畏力，让它发挥出最大能量。
>
> 别看轻心灵里这点微光，它玩弄不得，它亵渎不得，多大的强权霸力面前，它都不会屈服。

富总的大头像印在100美元大钞上，美国人还专门为富总的这句语录在1960年出了一枚面值4分钱的邮票。

守护良知者，无畏。

2016-09-03

80 Diligence is the mother of good luck.

勤奋是好运之母。

有了勤奋这个妈，才可能有好运这个子女。没有勤奋，哪来好运；勤奋是好运的一个必要条件。自助者，天助之。

李嘉诚说，他早期的一点成果完全是靠勤奋，然后慢慢地运气成分才会多一些，但是没有前期的积累即使运气来了也会跑掉的。

美国的总统候选人川普也认为勤勉是第一步。他说：

We've all heard about doing our due diligence', which is another way of being thorough. It's also the first step to bringing yourself some good luck.

我们都听说过做我们的"尽职调查"——要求"全面"的一个变相说法。为了带给我们自己好运，勤勉是第一步。

"due diligence"字面意思是"应有的勤奋"，到了商业领域变成了"尽职调查"的意思，即为投资决策而做出的一系列事前调查。没有完成"due diligence"的义务即构成"negligence"（过失）。

最近两年我的研究基金申请成绩不佳，运气不好，原来是花的工夫不够。多谢富总教导。

2016-09-04

81 God helps those who help themselves.

自助者，天助之。

　　这是古希腊谚语。只有自强不息，上帝才能帮到你。谋事在人，成事在天。你都不去谋事情，天给你成什么事呀！

　　有些宗教信仰者反对这句话，嫌它不尊重上帝或者菩萨，嫌某些人太狂妄，竟敢吹嘘自助，没有虔诚地将所有事情交给神明。富总可能没有管那么多。

　　有人把自助当成内因，天助当成外因，强调外因必须通过内因才能发生作用。还有人用天人合一的概念来解释天助和自助的关系，说中国的古典《易经》是强调以人为本和自强不息的。其中一句话"自天佑之，吉无不利"，其实是：自、天佑之，吉，无不利。自己、老天都保佑你，上上签，吉，无所不利。孔子还补充：天之所助者顺也。上天有菩萨、有神灵，是顺其善道而助之，不是说你烧支香、磕个头，菩萨就保佑你了。你要自强自立，菩萨才会卖你个好处，给你个好运。

　　天助自助者，运降不降人。

2016-09-05

82 Happiness consists more in the small conveniences of pleasures that occur every day, than in great pieces of good fortune that happen but seldom to a man in the course of his life.

幸福在于日常生活中点点滴滴的简单的满足，不在于人生中可遇不可求的一笔笔横财。

　　这句话出现在富总1768年写给他的苏格兰朋友Kames的信中。当时，富总在科学界已经是声名显赫，但是他在许多家居小事上也是专家。这不，他的朋友写信给他，咨询如何让他新家的壁炉烟囱不漏烟。富总没有嫌麻烦，回信解释，而且还在"什么是幸福？"的问题上产生共鸣：

I have long been of an Opinion similar to that you express, and think **Happiness consists more in small Conveniencies or Pleasures that occur every day, than in great Pieces of good Fortune that happen but seldom to a Man in the Course of his Life.** Thus I reckon it among my Felicities that I can set my own Razor and shave my self perfectly well, in which I have a daily Pleasure, and avoid the Uneasiness one is otherwise obliged sometimes to suffer from dull Razors, and the dirty Fingers or bad Breath of a slovenly Barber.

　　同你的观点差不多，我一直都认为：幸福在于日常生活中点点滴滴的简单的满足，不在于人生中可遇不可求的一笔

笔横财。因此，在我的幸福列表里面的其中一条就是：我可以自己装好我的剃须刀，给我自己刮胡子，刮得还真不赖，是每天的一大享受，而且还少遭罪——不能自己刮胡子的话，你有时就得忍受邋邋遢遢理发师的钝刀片，他的脏手指或者他的口臭。

　　幸福不在于明天的飞黄腾达，而在于当下你能触摸到的点点滴滴的简单的满足。对，幸福不需要等，不需要很难，不需要很大。

2016-09-06

83 Industry, perseverance, and frugality make fortune yield.

勤、韧、俭，让财生。

"fortune"可以指"财"，也可以指"运"，此处指"财"。

"yield"是"生"，或者"生出"。作为不及物动词，"make fortune yield"，让财生；作为及物动词，"yield fortune"，生财。

所以，我们也可以这样说：

Industry, perseverance, and frugality yield fortune.

勤、韧、俭，生财。

2016–09–07

84 **Those disputing, contradicting, and confuting people are generally unfortunate in their affairs. They get victory sometimes, but they never get good will, which would be of more use to them.**

凡是喜欢争论、抗辩和辩驳的人在工作中一般总是倒霉的。他们偶尔获得争辩的胜利，但永远得不到对方的祝福——而得到对方的祝福对他们才是更有用的。

　　这是富总的自传里以他的宾州总督Morris为反例，警示后人不要为辩论而辩论，要以解决问题为目标。Morris履新之前请教富总，如何与宾州议会搞好关系。富总建议他减少与议会的争辩，他的日子应该就会好过些。Morris说："这是什么建议啊，你知道争辩是我的一大享受啊。不管怎么说，多谢忠告，我会尽量避免争辩。"不过，很快这位能言善辩的总督就与州议会闹翻了，而州议会还经常请富总执笔对上了这位总督。争论焦点其实就是，宾州世袭的业主Penn家族要不要与老百姓一样为所拥有的土地物业交防御税的问题(当时美国正跟法国打仗呢)。总督维护Penn家族，富总帮百姓说话，要求一律平等。富总后来就绕过这位总督与Penn家族直接过招儿了。

　　逞一时口舌之快，无益的辩论，改变不了对方的思想，赢了也是输了。

富总，善攻心，以达成目的为重，不为辩论而辩论。

2016-09-08

85 Learn of the skillful; he that teaches himself, has a fool for his master.

向能者学习吧；无师自通者，请个傻瓜(自己)当师傅。

　　无师自通者、生而知之者——这样的人存不存在？

　　孔子是说过：生而知之者，上也；学而知之者，次也；困而学之，又其次也……但是孔子又说过：我非生而知之者，好古，敏以求之者也。孔圣人拒绝了门生的恭维，没敢接这个生而知之者的封号。后代的某些儒生，为了自高门户，依然坚信"孔子无师"，坚信孔子就是无师自通的生而知之者，无视《论语》中的"三人行，必有我师焉"，无视韩愈名文《师说》中言之凿凿的"圣人无常师。孔子师郯子、苌弘、师襄、老聃"。

　　科学巨匠牛顿也说，他是站在巨人的肩膀上，才会有一点点成就。

　　富总上学时间不超过两年，他是无师自通吗？ 也不是。他年轻时练习写作，是把名家作品读过之后，然后放到一边，自己努力模仿写出某一节、某一段，然后跟原著比较有什么不足，然后把书放一边，再模仿，直到接近原著的韵味为止。

　　"吾尝终日而思矣，不如须臾之所学也。"向师傅学习，还是很重要的。

2016-09-09

86 He that lies down with the dogs, shall rise up with fleas.

与狗狗一同躺下，与跳蚤一同起身。

近朱者赤，近墨者黑。中国谚语也强调朋友以及外部环境对人的影响。

富总在这里表达的不是向好朋友看齐，更多是警告不要与烂人为伍。他用脏兮兮的狗来比喻品质低下的人，用跳蚤比喻不良的行为或习惯。小心结交朋友，与不三不四的人为伍，会损害你的名誉，也会潜移默化损害你的人品。

"昔孟母，择邻处。"现代父母有过之而无不及。选学区，选学校，都是为了给子女创造一个好的外部环境。但是，一堆社会问题已经浮现。有人弱弱地问，不要只顾消极地躲着狗狗，大家有没有一点社会责任帮狗狗做清洁、除跳蚤呢？有没有更积极的策略去改善大环境，从而保障各家子女的小环境呢？

2016-09-10

87 Sell not virtue to purchase wealth, nor liberty to purchase power.

不要为五斗米而出卖人格，也不要为了权柄而出卖自由。

　　富总的这条语录出现在1738年的《穷查理年鉴》上。富总在其政治生涯中也实践了他的这一原则。在1754—1763年间，法国人和土著印第安人骚扰英国在美洲的殖民地，前线居民奋起自卫，但是缺枪少炮。富总所在的宾州议会积极筹款，支援前线。他们推动法案规定防御宾州人人有责，不给世袭的土地业主豁免权，但是由Penn家族任命的总督Morris老是否决议会的提案。Penn家族提出，只要议会承认无权向其家族土地征收防御税，其家族就自愿出钱帮忙打仗。富总因此面临抉择：接受他们自愿交来的银子以供前线急需，还是维持议会的提案坚持人人有责任交防御税。总督Morris建议不推法案而先收下银子。富总坚持原则，拒不妥协。法案在下一任总督任上获得通过。

2016-09-11

88 Wise men don't need advice. Fools won't take it.

智者不需要别人意见。愚者不接受别人意见。

智者自信，不需要别人意见左右自己的决定；

愚者自负，不认为别人意见有益自己的决定。

别人意见先听进去，采纳与否自己定夺。这是智者的自信。

别人意见听不进去，自己想法永远正确。这是愚者的自负。

2016-09-12

89 Many complain of their memory, few of their judgment.

许多人嫌自己记忆力差，很少人说自己判断力不佳。

出了问题，许多人宁愿找客观理由，也不愿意检讨自己的主观责任。责备自己记忆力不好，无非是把事情搞砸的理由推在信息不足上，归罪在情报部门，却不愿意说自己把事情看错了，决策错了，事情做错了，不愿意承认是大脑这个决策司令部出了问题，需要改进。

人谁无过，过而能改，此为担当。

推三诿四，怪天怨地，这是懦弱。

2016-09-13

90 They who would give up an essential liberty for temporary security, deserve neither liberty or security.

那些为了一时的安全而放弃根本自由的人，不配获得任何一条：自由或安全。

富总的这条语录出现在1755年他代表宾州议会写给当时的总督Morris的信中，催促通过法案，向世袭的土地业主征收防衛税，以支援前线地区。

这句语录是表扬前线居民在缺枪少炮的艰难情况下奋起自卫，抗击土著印第安人和法国人的入侵，以保障他们自身的安全和前后方全民的自由。

原文是这样的：

In fine, we have the most sensible Concern for the poor distressed Inhabitants of the Frontiers. We have taken every Step in our Power, consistent with the just Rights of the Freemen of Pennsylvania, for their Relief, and we have Reason to believe, that in the Midst of their Distresses they themselves do not wish us to go farther. **Those who would give up essential Liberty, to purchase a little temporary Safety, deserve neither Liberty nor Safety.** Such as were inclined to defend themselves, but unable to purchase Arms and Ammunition...

最后，我们对前线居民艰难情况的关切，再合理不过。为了整个宾州自由人民的合理权利，我们已经尽最大努力支援前线。我们也有理由相信，前线居民虽然自己困苦，但是他们不希望我们后方也遭殃。**那些为了一时的安全而放弃根本自由的人，不配获得任何一条：自由或安全。**所以，他们才愿意奋起自卫，但是他们买不到武器和弹药……

如果舍弃自由，委曲求全，偏安于一时一地，那么到最后，自由或安全，一项也得不到。

2016-09-14

91 Where sense is wanting, everything is wanting.

缺头脑的地方，什么都缺。

wanting = lacking (缺乏)

sense = sound judgement (正确的判断、清醒的头脑)

"sense"不同于"common sense"(常识)

没有头脑，什么都没了，能办成事情才怪呢。

有头脑不同于有常识。前者是基于科学思维的正确判断，后者是基于个人阅历及其所在圈子的普遍认知。我们经常开玩笑说：没知识也要有常识，没常识就要多看电视。但是，电视、常识和知识保证不了正确的判断，光靠常识是不行的。可能昨天的常识到今天变成了谬误；这个圈子的常识到另外一个圈子变成了笑谈[1]。

正确的判断还有赖于科学的思考方法，或者叫科学的头脑。做科学研究需要，日常生活也需要。如何培养科学的头脑？中国台湾省中学语文教科书里有一篇文章《科学的头脑》[2]。文章认为有4点很重要：

1. 要分辨事实(电视所讲和你的常识都不见得是事实)；

2. 要了解关系(有联系不见得是因果关系)；

3. 要精确(不要差不多)；

---

[1] "How often is common sense correct?" (https://www.psychologytoday.com/blog/the-power-prime/201107/common-sense-is-neither-common-nor-sense)

[2] http://home.ied.edu.hk/~msho/articles/285%AC%EC%BE%C7%AA%BA%C0Y%B8%A3.pdf

4. 要透彻(不要止于浅尝)。

有脑就要用，不要轻易相信常识。要尊重常识，也要批判常识。用什么批？ 脑(sense)。

2016–09–15

92 **They that won't be counseled, can't be helped.**

听不得意见者，别人帮也帮不到。

曾经攻无不克、战无不胜的西楚霸王项羽在乌江边走投无路，跟他剩下来的28个骑兵这样说：

"吾起兵至今八岁矣，身七十余战，所当者破，所击者服，未尝败北，遂霸有天下。然今卒困于此，此天之亡我，非战之罪也。"（《史记·项羽本纪》）

这位霸王至死都没有明白自己失败的原因，他太过相信自己的力量，而忽视了自身的不足，最终身死，还不自责，却去怪天。

项羽刚攻下咸阳城之后，有人曾进谏：关中这块地方，有山河为屏障，四方都有要塞，土地肥沃，可以建都成就霸业。但项羽想家了，说：富贵不回故乡，就像穿了锦绣衣裳而在黑夜中行走，别人谁知道呢？那位谏者说："人言楚人沐猴而冠耳，果然。"（人说楚国人像是猕猴戴了人的帽子，果真是这样。）项羽听见这话，把那人直接扔进锅里给煮死了。稍微有一点逆耳之言，他就一个字：烹！这样为人处事，谁敢给他提意见呢？有谁能帮到他呢？

内无自知之明，外绝逆耳之言。刚愎自用，无可救药。

可怜又可叹，力拔山兮气盖世的西楚霸王。

2016-09-16

93 Pay what you owe, and you'll know what's your own.

还清你的债，你就会清楚什么是你自己的。

富总在这里再次强调要节俭，要量入为出，要存钱以备不时之需。他在别的地方还说过：

清晨的太阳不可能挂在那里一整天。(No morning sun lasts a whole day.)

在我们的一生中，收入总是暂时的、不确定的，而支出则是持续的、确定的。(Gain may be temporary and uncertain, but ever while you live, expense is constant and certain.)

建造两座烟囱容易，但是能供好一座烟囱持续冒烟都不容易。(It is easier to build two chimneys than to keep one in fuel.)

因此，宁愿饿着肚子上床，也不背着外债起床。(So rather go to bed supperless than rise in debt.)

我读博士最后那几年，我的好朋友对我说："我已经够糟糕的了，我是今天花明天的钱；您了不得，您是今天花后天的钱。" 虽然有朋友帮忙，我熬过难关，也算疯狂一把，但若是早一点读到富总的语录，我会选择另外一种精彩。

2016-09-17

94 If you would be loved, love and be lovable.

要想得到爱，就要付出爱，还要让人爱。

　　孟子也说过：爱人者，人恒爱之。要互爱，不要自私。

　　被人爱但是却不可爱，不让人爱，让人爱你爱得很痛苦，这样是不是也很自私呢？不让人爱，不好。那么，如何让人爱呢？要把我们变得很完美才可以吗？还是要把我们扮得很可爱、很无助？都不是。其实，做你自己就可以了。别人爱你，你享受就行了，而且你告诉他们你很享受、很珍惜。你让人爱，别人才能爱你嘛。

　　爱与被爱，是不是小朋友理解得更深刻呢？我有两个儿子，一个7岁，一个5岁，已经完全知道有人在乎他们的。有一次，老大跟他妈妈坐飞机，遇到气流，飞机颠簸。儿子说："一定不要出事，要不然我爸爸见不到我，他该多伤心啊。"知道老爸在乎他，而他也很在乎老爸的感觉。有一次老二与哥哥吵架，眼看就要被哥哥打了，他说："你打呀！你是不是喜欢没有这个弟弟呀！"意思是，你打呀，你打完了你又不开心。一副有恃无恐的样子。知道哥哥在乎他，而他也很在乎哥哥的感觉——警告哥哥打完了你可别后悔啊。

　　老大曾作诗：

　　一二三四五，一共几条鱼？　六七八九十，一共十条鱼。

　　老二也来凑热闹：

　　一二三四五，六七八九十。你爱你爱我，大家都爱我。

弟兄俩都说是好诗，我还没有仔细去推敲呢。

大大方方付出爱，大大方方接受爱，不愁没有爱。

2016–09–18

95 He does not possess wealth that allows it to possess him.

委身于钱财的人并不拥有钱财。

你让钱支配你，那么钱拥有你，你不拥有钱。

没有钱不行，钱多了也没更大用处。贾平凹在一篇《说花钱》的散文中这样说：

钱过多了，钱就不属于自己，钱如空气如水，人只长着两个鼻孔一张嘴的。

钱像空气和水一样是必需品之一，让我们可以追求幸福生活和人生意义。钱本身不是人生的目标。富总对钱很重视，也很在行。42岁年纪就不操心钱了，把生意交给搭档去管理，他自己去从事更多的科学探索和政治活动。我们每个人都应该向富总学习，多挣钱，从而生活无忧，然后可以从容地追求自己的人生目标。但是，要警惕不要让钱控制我们的生活。要记住大道理：我是主人，钱是奴隶。如果贪婪地、愚昧地为了钱而挣钱，积累钱财，那么钱成了主人，我成了奴隶。

"千金散尽还复来"，来者不拒，去者不惜。钱就是我的奴隶。

我可不是钱的奴隶。

2016-09-19

96 Half a truth is often a great lie.

片面的事实常常是绝妙的谎言。

我曾经在大学职工运动会上拿到"拍全能"的第四名。"拍全能"包括网球、羽毛球、乒乓球和壁球。如果我拿我的第四名奖杯去说我是体育健将，很多人是会信的。我没有捏造事实，我那奖杯是真的。但是我说谎了，因为我片面地描述了事实。我没有说另外一半事实：参赛人5个，我是倒数第二。

某广告说90%的医生都建议使用某药物。你如果相信了该药的疗效，那你就被骗了。你不知道另外一半事实：那家公司访问了10个医生，9个医生是自己公司的。广告作假是违法的，但是人家这里并没有作假呀。你信，是你的问题。

没有路灯，没有月光，一辆小汽车疾驶在一条漆黑的马路上。突然，小汽车停了下来，司机下车，走到车子前面，在马路上捡起一块黑布。

请问，司机凭什么在漆黑的马路上还能发现黑布的呢？

我和两个儿子都没有猜出来这个谜语，是看了答案才知道被骗了。

人家说没有月光，并没有说没有日光；人家说漆黑的马路，并没有说漆黑的夜晚。

您有没有被骗到呢？

2016-09-20

97 Whatever is begun in anger ends in shame.

无论什么事，若始于发怒，必止于抱愧。

人发怒时，失去理智，无法自控，往往会做出错误的决定、选择错误的言行；事发当时不觉得不妥，事后却为气头上造成的错误抱愧。毕竟，发怒不仅伤人伤己，还于事无补。与其今日，何必当初。所以要学会控制愤怒，学会控制情绪。富总在其他地方还说过：

记得要在对的地点说对的话，但更难的是，还要在最想说的时候忍住不说错话。

实在不能控制情绪时，选择聪明的发泄方式，减少日后后悔的概率和程度。以前一个老师教给我：如果有生气的话语你憋不住要对谁讲，那就打一个电话或者当面讲，一定不要白纸黑字去写信，否则那些充满怨气的邮件将来都是伤疤，让人不容易忘记。湖人队的两个巨星科比和奥尼尔当年在队里闹矛盾时，科比生气，然后把他与奥尼尔之间的问题抱怨给媒体，最后他深深后悔。他说：

"我该把我们之间的事情留在内部，不该透露给媒体，媒体给我跟奥尼尔和球队都带来了很大的压力。"

"年轻的时候，我就是个白痴。"

话说回来，不要因为生无谓的气而坏事，但是对于大是大非，不动怒反倒不对了。富总年轻时候是急脾气，而且爱抬杠。吃了教训之后，开始严格修炼自己，任何时候都保持温和待人。富总这种严格的自控，总有一天会反弹的。某些怒气不发，都会伤身的。美国独立战争前后，他找到了发泄口，他把怒气全发在了英王及其幕僚上，他的言语变得前所未有的激烈。他可能认为脾气的控制关乎两个不同层面的东西：一是个人的修养，一是国家的自由和独立。为了后者，怒气变得合法、高尚和可取了。

有人冲冠一怒为了红颜，富总冲冠一怒建了美国。

2016-09-21

98 The Constitution only gives people the right to pursue happiness. You have to catch it yourself.

《宪法》只给了人民追求幸福的权力。要把幸福追到手，还是要靠你自己。

　　富总正在酒馆吃饭，有酒鬼和闹事者跑来，向富总索要《宪法》所承诺给每个人的幸福。富总回答：自己去追吧！

　　这个故事是人编出来的。富总有可能会同意这条语录，但是真的没有证据证明这句话是他说的[1]。有人想表达这个意思，把它加在富总头上当然就没有太多人反驳了。

　　再就是，美国的《独立宣言》和《宪法》是两回事情。前者里面还提到pursuit of happiness(追求幸福)，后者里面根本没有这个词。

　　这句话主要是批评某些福利政策和政府滋养懒人，并不符合宪法精神。

　　人人都有权利获得幸福的，但是要自己努力追求才能到手。

2016–09–22

---

[1]　http://www.tcfrank.com/essays/Check_It_Yourself

99 No man ever was glorious, who was not laborious.

从未有人不用勤劳而能享受荣耀。

有点像中国的谚语：

吃得苦中苦，方为人上人。

吃得千辛万苦，才可能获取功名富贵，成为别人敬重、爱戴的人。富总在1758年的《致富之路》中这样叙述勤劳：

Many without labor would live by their wits only, but they break for want of stock. Whereas industry gives comfort, and plenty, and respect：fly pleasures, and they'll follow you. The diligent spinner has a large shift, and now I have a sheep and a cow, everybody bids me good morrow.

有许多好逸恶劳者仅靠他们的小聪明生活，然而，等到花样用尽时，等待他们的还是穷困破落。勤勉刻苦则可以带来舒适、富足和他人的尊重：你躲安逸，安逸会追随你。勤劳的纺纱工休班时间长。现在我有了一只绵羊和一头母牛，每个人都祝愿我有一个美好的明天。

2016-09-23

100 Those things that hurt, instruct.

痛苦的经历，有指导意义。

做事情遇到了阻力，这个阻力可能是在提示你：你的机会来了。

事情搞砸了很痛苦，这个痛苦可能是在提示你：下一次要变招了。

超越逆境成了习惯，这个习惯可能是在提示你：继续成长、做难事、挑战你的能力极限。

有点像中国的谚语：

吃一堑，长一智。(掉一回沟里，长一回记性。)

"吃一堑，长一智"被钱钟书在翻译《毛泽东选集》时译成英文："A fall into a pit, a gain in your wit." 林沛理觉得那个"gain"改为"rise"更妙，因为可以对应于前面的"fall"[1]：

A fall into a pit, a rise in your wit.

林沛理认为钱钟书用"gain"是受了英语的"No pain, no gain"的影响。但其实，"No pain, no gain"的意思应该是：

不吃一堑，不长一智。

与前面谚语大不同。吃苦头在前者是充分条件，在后者是必要条件。"吃一堑，长一智"的人当然要比"不吃一

---

[1] 林沛理. 张爱玲、林语堂、钱钟书、余光中与英文的爱恨关系. 亚洲周刊，2016，30(30)：42-43.

堑，不长一智"的人悟性高一点。

富总这句语录"Those things that hurt, instruct."相对更中性一点，就事论事，不说当事者的悟性。痛苦的经历本身应该是有指导意义的，但是当事者悟到多少，得益多少，应该是因人而异了。

2016-09-24

101 Being ignorant is not so much a shame as being unwilling to learn.

无知并不羞，不肯学才羞。

无知并不羞。因为人人生来都是无知的。富总一生都谦虚受教，不知为不知。以至于在法国当大使时，富总的谦虚表现气坏了他的同行使节John Adams(美国后来的第二任总统)。Adams奚落富总：

His whole life has been one continued insult to good manners and to decency.[1]

他的一生都在不停地辱没礼节与体面。

其实，富总给美国人做了好榜样：知之为知之，不知为不知，是知也(《论语·为政》)。

一句"我不知道(I don't know)"有那么难出口吗？教育的目的不就是让我知道：我知道什么不知道什么吗？有人也把这句话加在富总名下：

...the doorstep to the temple of wisdom is a knowledge of our own ignorance.[2]

……开始了解我们的无知正是通向智慧殿堂的台阶。

我刚到美国加州读书时跟导师讨论问题，休息时候她对我说："我好开心听你说的一句话，好多次，I don't know；因

---

[1] Daniel Wolff. How Lincoln Learned to Read: Twelve Great Americans and the Educations That Made Them. Bloomsbury USA, 2010: 25.

[2] https://psmag.com/we-are-all-confident-idiots-56a60eb7febc#.xffucivt5

为我们美国人都习惯了用 I am not sure"。她的意思是不知道就是不知道嘛，非要说 I am not sure (我不肯定)。这英语也不知道怎么演变的(堕落的)。

我现在英语还是很烂，从来也没有学会说地道的"I am not sure"，还是说我们的Chinglish(中国式英语)："I don't know"；在课堂上也这样讲或者回答学生问题，有时学生送上一阵掌声，让我受宠若惊。

不肯学才羞。人，生而无知，但是人生的意义就在于终生学习，成就自己，服务社会。孔子也说过"困而不学，民斯为下矣。"(遇到困难还不学习的人，这种人就是下等的人了)。富总好奇心和探索欲强，而且终生学习，所以在许多领域都有建树，为人敬仰。富总没上过几年学，是自学成才的，是在当学徒的过程中，在大社会中学习的。

2016-09-25

102 To be humble to superiors is duty, to equals courtesy, to inferiors nobleness.

对上级谦卑是本分，对平辈谦卑是礼貌，对下属谦卑是高尚。

　　富总在他的自传里坦陈：他的性格让他对下属谦卑毫不费力，但是很难对上级谦卑。如果他难以控制自己的傲气，他至少把他的愤怒转变成了宣传。William Strahan是富总的一位印刷界同仁，在美国独立战争期间是英国的议员。战争期间，富总给William Strahan写了一封火爆的信件：

You have begun to burn our Towns, and murder our People. Look upon your Hands! They are stained with the Blood of your Relations! You and I were long Friends; You are now my Enemy, and I am, Yours, B Franklin.

　　你开始烧毁我的家乡，谋杀我的人民。看看你的双手！它们沾满了你的亲友们的鲜血！你我曾是多年朋友，你现在是我的敌人，我是你的敌人。——本杰明·富兰克林。

　　富总没有把信寄给Strahan，而是直接登载在国内外报刊上。

　　在没有深仇大恨的现代职场，有些人可能刚好与富总相反。这些人对上级有"奴气"，对下级有傲气。对于这样的职场变色龙，大家还是要小心伺候了。

2016-09-26

103 We must indeed all hang together or, most assuredly we shall all hang separately.

我们确实要团结在一起，否则，我们绝对会被一个一个绞死。

hang together = stick together, support one another (团结一致)

hang separately = be executed by hanging one by one (一个一个被绞杀)

1776年7月4日，美国的一帮革命者们在费城讨论签署《独立宣言》。美国大陆议会的主席Hancock说：

"We must be unanimous; there must be no pulling different ways; we must all hang together."

"我们必须意见一致，绝不可以分散力量，我们必须团结在一起。"

这时，富总补上一句：

"Yes, we must indeed all hang together or, most assuredly we shall all hang separately."

是的，我们确实要团结在一起，否则，我们绝对会被一个一个绞死。

这帮革命者知道自己犯的是什么罪。他们犯的是叛国罪，而且对抗的是当时世界上最强大的军事帝国。革命若不成功，他们当然会被一个一个绞死。当时，美洲是13个殖民地一同造反，如果不团结力量，革命成功的概率会更小。所以，以下的翻译也很妙：

我们必须共赴沙场，否则就得分赴刑场。

最错误和逗趣的翻译莫过于：

我们必须吊在一起，否则会被分别吊着。

2016-09-27

Academic Made Easy

Excellent & Enthusiastic

欲穷千里目
快乐搞学术

| 学术期刊 | 医学图书 | 学术会议 |

AME出版社创办于2009年，目前，在广州、北京、上海、南京、成都、长沙、台北、香港和悉尼等地设立办公室。AME的理念是：欲穷千里目，快乐搞学术。AME坚持以人为本，立足三个方面的工作，简称CNS，即：Content（优秀的医学内容）、Network（协作网络）和System（科研生态体系）。AME (Academic Made Easy, Excellent and Enthusiastic) 是一个中英文学术期刊和医学图书的出版平台，同时是一个医学工作者相互协作的交流平台，正努力作为桥梁，串联国内外的医学工作者，力争打造一个国际性的学术平台。目前 AME 已出版40余本学术期刊，近百本医学图书，成功举办多场线下学术会议，并通过"AME科研时间"微信公共账号播报，同时积极报道国内外大型学术会议以及各类学术活动，分享科研背后的故事。

学术期刊

旗下医学期刊涵盖心胸疾病内外科、不同肿瘤、儿科、姑息、肝胆胰以及眼科等不同领域，40余本英文期刊中3本被SCI收录，更有18本被PubMed (PubMed/MEDLINE) 收录。

SCI 收录期刊

· Journal of Thoracic Disease《胸部疾病杂志》简称 JTD 杂志
· Translational Cancer Research《转化肿瘤研究》简称 TCR 杂志
· Hepatobiliary Surgery and Nutrition《肝胆外科与营养》简称HBSN杂志

医学图书

目前，AME已出版近百本中英文图书，涵括了【科研时间】、【医学评论】、【引进书】、【访谈】、【OTP】、【外科】、【人文】、【医院管理】及【医学科普】等多个系列。

借助微信公众号、认领系统等平台，连接国内外专家学者，组建优秀的图书编委/创作团队，不断探索创新出版形式，为读者提供优质的学术内容；线上线下，海外国内，多渠道推广，扩大图书的国际影响力。

学术会议

2013年起，由 AME 主办的"外科时间"作为国内知名医学会议品牌已走近四载，以新颖的会议内容、极高的会议质量博得了全国广大医疗工作者的认同与喜爱。值得一提的是，"外科时间"更为欧洲胸外科医师协会ESTS 在2015和2016年的"大师杯"比赛中挑选亚洲队的中国选手，助力为亚洲队连续两年夺得冠军。

AME 学术沙龙、AME College、SCI论文发表等专场活动自2013年开始，也陆续开启并持续举行，齐聚中青年优秀医生学者，力求广大医务科技人员能够在一个平等、开放的学术平台上，平等交流，畅所欲言，共同成长，相互协作。

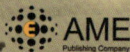

AME
Publishing Company

Updated on June 19, 2017